사회의 진정한 척도는 가장 연약한 존재를
어떻게 대하는가에서 찾을 수 있다.

- 마하트마 간디

슬기씨, 돌봄을 부탁해

어르신 돌봄을 이해하는
좋은돌봄 안내서

서울시 어르신돌봄종사자종합지원센터 연구진 지음

초록비책공방

　　우리나라는 2025년에 초고령화 사회 진입을 눈앞에 두고 있습니다. 유래없이 짧은 기간에 저출산·고령화 문제를 겪으면서 어르신 돌봄서비스에 대한 사회적 필요성이 급증하고 있습니다. '돌봄'은 더 이상 개인이나 가족의 부담이 아니라 사회적 과제가 되었습니다.

　　우리는 태어나 자라면서, 아프고 죽음을 맞이하는 모든 생애 과정에서 누군가의 돌봄을 받습니다. 우리 모두 예외 없이 다른 사람의 돌봄에 의존하지 않으면 생존할 수 없습니다. 돌봄은 선택이 아니라 필수인 것입니다. 그러나 돌봄 노동에 대한 우리 사회의 '돌봄'은 아직도 부족합니다. 돌봄의 필요성과 공공성 강화에 대한 관심은 코로나19 이후 점점 높아지고 있지만, 돌봄 노동자의 처우나 돌봄 환경은 여전히 제자리를 맴돌고 있습니다.

　　돌봄 노동은 값진 노동임에도 불구하고 사회적 인정과 대우는 너무나 낮고, 돌봄 노동자들은 저임금과 고용불안, 건강과 안전의 위협 등을 겪고 있습니다.

　　서울시 어르신돌봄종사자 종합지원센터는 「노인장기요양보험법」에 의한 국내 1호 장기요양요원지원센터입니다. 2013년 설립되어 '어르신돌봄 노동자의 든든한 벗'으로서 요양보호사 등 돌봄 노동자의 권리보장과 '좋은돌봄 좋은일자리'의 확산을 위해 달려왔습니다.

　보건복지부는 제2차 장기요양요원기본계획을 통해 장기요양요원에 대한 고충상담, 역량강화, 건강관리, 취업연계 등을 종합적으로 지원하는 장기요양요원 지원센터를 2022년도까지 17개 시·도별 최소 1개 이상 설치 확대하겠다고 발표하였습니다. 현재는 서울특별시 광역 및 권역별 4개소를 비롯하여 인천시, 경기도, 수원시, 부천시, 경상남도 등 전국 11개소가 설치되었습니다. 장기요양요원지원센터의 확대는 요양보호사 등 장기요양요원과 어르신의 인권이 보장되는 안전한 돌봄 환경을 만들고 나아가 사회 구성원이 함께 하는 좋은돌봄을 확산되는 데 기여할 수 있습니다.

　서울시 어르신돌봄종사자 종합지원센터(이하 종합지원센터)는 2013년 센터 설립 이후 현재까지 돌봄 현장에서 요구하는 직무 역량강화교육, 인문·문화교육, 좋은돌봄 교육 등 현장맞춤형 역량강화를 위한 교육 기회를 제공하고 있습니다. 종합지원센터는 2014년부터 연구자들과 '좋은돌봄'이라는 개념을 돌봄 현장에 구현하고자 노력해왔습니다. 종합지원센터의 교육과 프로그램은 '좋은돌봄'이라는 핵심가치에 기반하여 만들어졌습니다.

　이번 안내서는 요양보호사가 돌봄 현장에서 좋은돌봄을 실천하는 데 필요한 핵심 역량을 강화하기 위해 제작되었습니다. 종합지원센터는 좋은돌봄을 확대하기 위해서 돌봄 지식이나 기술을 넘어 돌봄 현장에서 마주하는 다양한 문제와 갈등을 풀어나갈 수 있는 문제해결 역량과 소통 능력이 필요하다고 판단하였습니다. 이에 돌봄 각

분야의 전문가가 모여 현장경험 중심으로 '돌봄 현장 맞춤형 돌봄교육'을 개발하였습니다.

종합지원센터는 돌봄 사례 및 경험 나눔을 통해 상호교육이 이루어지고, 경험지식이 지속적이고 체계적으로 쌓이는 틀을 마련하고자 합니다. 이를 교육을 통해 확산시켜나가고, 생생한 현장 교육을 수행하는 기관으로 자리매김 하고자 합니다.

어느덧, 장기요양제도가 도입된 지 13년이 되었고, 서울시에는 8만여 명의 요양보호사가 돌봄 현장에서 일하고 있습니다. 생생한 업무 노하우와 실천 사례를 담은《슬기씨 돌봄을 부탁해》가 어르신의 인권이 존중되는 좋은돌봄의 토대가 되면 좋겠습니다.

이런 마음을 담아 이 책을 돌봄 노동자와 모든 돌봄을 하는 이에게 드리고 싶습니다. 이 책이 발간되기까지 여러분들의 도움과 지지가 있었습니다. 먼저 서울시 요양보호사 처우개선 종합계획으로 정책과 예산으로 지원해준 서울시에 감사드립니다. 이 책이 나오기까지 책임연구원으로 애써주신 석재은 교수님, 각자의 분야에서 지식과 현장경험을 나눠주신 김미선, 송영숙, 이건복, 이현주, 허남재 연구원님에게도 감사를 전합니다.

출판을 맡아주신 초록비책공방과 출판을 위해 수고해주신 출판, 인쇄 노동자분께도 감사드립니다.

그리고 이런 훌륭한 돌봄 안내서가 나올 수 있었던 배경에는 좋은돌봄의 이론적 실천적 토대가 있었기 때문입니다. 여러 해 동안 수고로움을 마다하지 않고 돌봄 현장과 결합하여 수많은 토론과 참여를 통해 좋은돌봄 연구를 해주신 석재은 교수님께 이 자리를 빌어 다시 한번 깊이 감사드립니다.

　마지막으로 이 책을 읽고 돌봄 현장에서 애쓰실 요양보호사와 오늘도 각자의 '돌봄'을 하고 있을 많은 돌봄 노동자들에게 고개 숙여 감사드립니다.

　서울시 어르신돌봄종사자 종합지원센터는 앞으로도 돌봄 현장에서 필요한 다양한 정책과 좋은돌봄 좋은일자리 실현에 앞장서며 돌봄 노동이 존중받는 사회가 될 때까지 최선을 다하겠습니다.

　감사합니다.

— 서울시 어르신돌봄종사자 종합지원센터 최경숙

초고령 사회 진입이 눈앞에 다가왔다. 가족 중 누군가는 돌봄이 필요한 상황에 놓여있는 경우가 대부분이다. 그 누구도 돌봄 문제로부터 자유롭지 않다.

2008년 7월 도입된 노인장기요양제도는 여러 가지 문제점에도 불구하고 노인돌봄을 필요로 하는 당사자와 그 가족에게 큰 위안과 도움이 되고 있다. 장기요양제도에 대한 국민 만족도가 비교적 높은 데는 열악한 근로조건에도 불구하고 직업적 사명감으로 묵묵히 돌봄 현장을 지키고 있는 돌봄 노동자의 헌신 덕분이라는 점을 상기할 필요가 있다. 장기요양제도를 도입한 건 국가지만, 실질적으로는 돌봄 노동자가 돌봄 서비스를 구현하고 장기요양대상자와 가족은 돌봄 노동자를 통해 장기요양제도를 체감한다.

그동안 약 200만 명의 요양보호사가 양성되었고, 약 50만 명이 일선에서 일하고 있다. 그중 방문 돌봄 서비스를 제공하는 요양보호사가 약 35만 명에 이른다. 방문요양 돌봄 노동자는 요양기관이라는 정해진 장소에서 슈퍼바이저와 동료들이 함께 근무하는 환경이 아니라, 각기 상이한 환경의 어르신 집에서 근무하면서 매일 달라지는 어르신의 신체 및 인지 상태, 기타 특이한 상황과 요구에 맞추어 홀로 돌봄업무를 수행해야 한다. 국민건강보험공단에서 제공하는 방문요양서비스 지침이 있지만 저마다 다른 주거구조 및 부엌환경, 동거가족 등의 상황에서 돌봄업무를 표준화하여 수행한다는 것은 불가능에 가깝다. 결국 어르신과 그 가족과의 슬기로운 소통과 업무에 대한 협의는 돌봄 노동자의 몫이 되는 경우가 많다.

다양한 돌봄 욕구에 잘 반응하고 조율하여 적절한 돌봄 서비스를 제공하는 것은 고난도의 다차원적인 숙련성을 요구한다. 요양보호사 직무교육의 주요 내용을 구성하는 신체돌봄, 치매돌봄의 이론과 기술만으로 해결될 수 있는 일이 아니다. 민감하게 상황을 파악하는 맥락 감수성과 세심한 소통 역량이 필요하며, 슬기롭게 대처해나가는 상황 판단력이 필요하다. 이 과정에서 여러 가지 당혹스럽고 어려운 상황과 갈등이 발생한다. 치매어르신의 의심과 오해로 빚어지는 갈등도 있고, 돌봄을 받으시는 어르신과 가족들의 부당한 요구로 인해 빚어지는 갈등도 있다. 돌봄 노동자의 이해력과 문제 해결력의 부족으로 문제가 발생하기도 하고 갈등의 중재자 역할을 해야 하는 기관이 제 역할을 하지 못하면서 곤란을 겪기도 한다.

또한 돌봄 노동자들은 종종 언어폭력, 신체폭력 등 부당대우, 성폭력 등에 노출되기도 한다. 어르신 집은 사적 공간이기는 하지만, 적어도 공적 서비스인 돌봄 서비스가 제공되는 동안에는 공적 공간으로 전환되어야 한다. 그래야 돌봄을 받는 어르신과 돌봄 노동자 간에 공적 관계가 유지되고 상호 존중이 이루어진다. 하지만 현실은 그렇지 못하다.

이 책은 돌봄 현장에서 직면하게 되는 다양한 상황을 슬기롭게 대응해 나갈 수 있도록 길잡이 역할을 하고자 기획되었다. 일명 '생생 돌봄 현장의 슬기로운 돌봄실천을 위한 윤리 교재'이다. 물론 이 역시 표준화된 정답일 수는 없고, 참고할 만한 팁에 가깝다.

이 책의 발간에는 서울시 어르신돌봄종사자지원센터의 기획과 지원이 있었다. 2013년 돌봄종사자 지원을 목적으로 출범한 서울시 어르신돌봄종사자종합지원센터는 지금은 널리 보편화된 '좋은돌봄, 좋은 일자리'라는 정책 비전을 공식적으로 사용한 첫 조직이다. 역량 있는 돌봄 노동자의 안정적 재생산을 통해 '좋은돌봄'에 기여하는 것을 기관의 비전으로 설정하고, 그 사회적 지향을 널리 확산해왔다.

이 책에 등장하는 슬기 씨는 함께 이야기할 동료도 없고 마땅히 물어볼 데도 없어 선배들의 경험지식이 절대적으로 필요한 요양보호사이다. 누구나 그렇겠지만 슬기 씨는 이왕이면 잘해내고 싶다. 기술적인 면에서뿐만 아니라 가치와 보람을 느끼며 전문직업인으로 성장하고 싶다.

이 책은 슬기 씨와 같은 요양보호사들이 돌봄의 관계적 본질을 이해하면서 돌봄을 실천할 수 있도록 친절한 선배 역할을 하려 한다.

첫째, 요양보호사에게 필요한 현장 업무 노하우를 정리하여 난감한 문제상황에 대한 슬기로운 해법을 나누고자 한다.
둘째, 더 좋은돌봄 실천 전략을 함께 논의하고 발전시켜나가는 워크북으로 활용되기를 바란다.
셋째, 돌봄 노동자로서 자기 권리를 지킬 수 있도록 노동권 보호에 관한 정보를 담았다.

교재 개발을 위해 이론과 현장성을 아우르는 연구진을 구성했다. 이론적 전문성을 가진 학계 전문가, 돌봄기술 강의를 담당해왔던 교육 전문가, 현장에서 문제상황을 해결하고 슈퍼비전을 제공해왔던 현장 전문가, 직접 서비스를 제공해왔던 현장 인력 등의 연구진이 함께했다.

저자들을 대표하여 이 책의 출판이 가능하도록 지원해주신 분들께 마음을 담아 감사드린다. 이 책의 출판을 전폭적으로 지원해주신 서울시 어르신복지정책과에 감사드린다. 최경숙 서울시 어르신돌봄종사자종합지원센터장의 열정과 의지, 헌신적 지원이 없었으면 이 작업은 애초에 불가능했다. 깊은 존경과 감사를 드린다. 수년간의 요양보호사 경험을 바탕으로 사명감을 가지고 이 책의 핵심 부분을 집필해주신 이건복 선생님께 특별히 감사드린다. 또한 여러 저자가 작성한 글을 새롭게 구성하고 편집해준 천둥 작가님께 깊이 감사드린다. 이 책이 장기요양제도의 무게를 덜어지고 좋은돌봄을 위해 분투하고 계신 돌봄 노동자 여러분에게 조금이나마 힘이 되기를 바란다.

슬기 씨, 그리고 더 나은 돌봄 전문직업인이 되고자 하는 요양보호사들이여, 이제 통합적으로 판단하고 대응하는 역량을 키워줄 책 속으로 힘차게 출발해보자. go, go!

— 한림대학교 사회복지학과 석재은 교수

슬기 씨, 돌봄은 처음이지?

힘내, 슬기 씨

 우리가 있어, 슬기 씨

1장

"좋은돌봄은 신뢰하는 돌봄 관계에 의해 가능하다."

- 석재은

돌봄이란 무엇인가

돌봄을 어떻게 정의할 수 있을까? 생각보다 한마디로 정의하기가 어렵다. 돌봄인 것과 돌봄이 아닌 것을 구분하는 것이 힘들 정도로 돌봄은 포괄적이다. 미국의 교육 철학자인 베레니스 피셔Berenice Fisher와 조안 트론토John Tronto에 따르면 돌봄caring은 우리의 세계를 유지하고 지속하고 개선하는, 그리하여 우리가 살아갈 수 있도록 하는 모든 것을 포함하는 활동이다. 여기에서 세계는 우리의 몸, 자아, 환경을 포함하며, 복잡한 삶의 그물에서 서로 상호작용하는 모든 것을 의미한다.

그러나 이러한 돌봄의 정의는 너무 광범하고 포괄적이어서 누군가의 돌봄 없이는 일상생활 유지가 어려운 분들에 대한 현실적 문제를 다루는 데는 적합하지 않다. 삶을 유지하고 살아가며 주고받는 상호작용 차원의 돌봄보다는 누군가의 보살핌 없이는 일상생활이 어려운 분들을 위한 돌봄에 초점을 맞춘 정의가 필요하다. 그렇다면, 이런 정의는 어떠한가?

> "돌봄은 단지 기저귀를 갈아주고, 집을 청소하고 노인을 돌봐주는 것만이 아니라 욕구에 대한 이해가 중심이 되는 활동이다."[1]

> "돌봄은 먹이기, 씻기기, 환경정리 등 기능적 돌봄뿐만이 아니라 상호 신뢰와 존중, 배려와 같은 관계적 성격을 가진다. 돌봄을 받는 대상이 가치 있는 존재로 대우받고 느끼게 하는 것이 중요하다."[2]

돌봄에 대해 여러 학자들이 정의하고 있지만, 여기서 중요하게 강조하는 것은 세 가지다.

첫째, 먹이고 씻기고 돌봐주는 기능적 행위를 넘어 돌봄에 포함되어야 하는 덕목을 짚어보자는 것이다.

둘째, 돌봄은 일방적 행위가 아니라 '관계'로 이루어진다는 점이다. 관계이기 때문에 돌봄은 상호 영향을 미치며, 돌봄을 받는 사람과 돌봄을 제공하는 사람 사이의 권력 관계도 염두에 두어야 한다. 더 나아가 좋은 돌봄에 대한 고찰이 필요하다.

셋째, 돌봄의 기능적 부분, 신체 돌봄과 가사 돌봄을 짚어보고 우리가 쉽게 간과하는 돌봄 행위의 구성, 그 의미와 가치를 모색하는 것이다.

돌봄의 세 가지 덕목

돌봄의 정의에서 강조하는 세 가지 요소를 고려하여 돌봄에 필요한 덕목을 살펴보면 다음 세 가지를 꼽을 수 있다.[3]

첫째, 관심을 가진다. '관심을 가진다'는 것은 돌봄 욕구를 가진 존재에게서 돌봄의 필요성을 인지하는 일이다. 즉 마음을 쓸 필요가 있음을 인식하는 것이다. 돌보는 사람의 욕구에 적절하게 대응하며 표현하진 않았지만 더 필요한 것은 없는지 그 이면의 욕구를 살펴야 한다.

둘째, 필요에 반응한다. 돌봄 욕구를 알아내고 그것에 대해 최선의 반응을 할 책임이 있다. 이때 돌봄을 제공하는 사람의 능숙함이 중요하다.

셋째, 돌봄을 필요로 하는 사람의 의사를 존중한다. 욕구를 스스로 충족시킬 수 없다는 이유로 무시하지 않아야 한다. 돌봄을 필요로 하는 사람의 개별성을 인정하고 그 의사를 존중해야 한다.

돌봄 관계

노인 돌봄에 대한 연구로 저명한 홋카이도 교육대학의 사사타니 교수[4]는 돌봄은 돌보는 사람과 돌봄을 받는 사람 간의 실천적인 상호 행위라는 점에 주목하고 그 개별적인 관계성을 고려하여 'care'라는 용어보다는 'caring'이라는 용어를 사용하였다. 또한 돌봄 대상자와 돌봄 제공자의 관계를 '돌봄caring 관계'라고 표현하였다.

　돌봄은 돌봄을 받는 사람과 돌봄을 제공하는 사람 간의 '돌봄 욕구와 서비스의 교환'이라는 상호행위를 의미한다. 상호행위라는 말은 그로 인해 서로에게 영향을 초래한다는 의미를 포함한다. '돌봄 욕구와 서비스의 교환'은 일반적으로 배설, 식사, 목욕, 기타 생활에 필요한 사항을 자기 스스로 해결하기 어려워 다른 사람의 지원을 필요로 하는 사람에게 그 필요에 응하여 구체적인 서비스를 제공함으로써 상호관계가 이루어진다.

　이런 관계에서는 확실히 상대에 대한 심리적 배려가 전제되어야 한다. 즉 돌봄은 기능뿐만 아니라 관심, 상호신뢰, 배려, 존중이 함께 통합된 실천이어야 한다. 하지만 때로는 필요에 따라 심리적 배려를 배제하고 기능적 활동에만 초점을 두기도 한다.

　돌봄은 돌봄을 받는 사람의 필요와 돌봄을 제공하는 사람의 상황에 따라 변화한다. '돌봄 욕구와 서비스의 교환'은 고정적인 스냅숏snapshot이 아니라 변화하는 과정process이라는 의미이다. 즉 돌봄은 돌봄 대상자와 돌봄 제공자의 지속적인 상호작용을 통하여 돌봄의 구체적 내용을 구성해나가는 과정이다.

　돌봄 관계에서는 '누가 누구를 돌보는가' 또는 '누가 누구에 의해 돌봄을 받는가' 하는 양자의 권력 관계가 반영된다. 역할에 있어서는 '서로 역전하는 일이 없는 비대칭 관계'이지만 동시에 '돌봄 욕구와 서비스의 교환'이 계속되다 보면 권력 관계의 역학이 작용하기도 한다. 한쪽이 다른 쪽을 계속 희생하게 하는 등 배려가 결여된 돌봄 관계는 파탄에 이를 위험성이 있다. 이는 가정 내에서 가족 간에 이루어지는 비공식적 돌봄 관계뿐 아니라 돌봄 노동자와의 공식적 관계에서도 마찬가지다.

돌봄의 개념은 역사적·문화적 혹은 정치적 맥락 속에서 규정된다. 돌봄 욕구의 인정과 서비스 내용, 양자 간의 관계도 사회적으로 구성된다. 돌봄을 사적인 영역에서 이루어지는 것으로 파악하는 것은 돌봄이 특정 문화 안에서 사회적·정치적으로 기능하는 것을 간과하게 한다. 돌봄은 돌봄 관계에 있는 돌봄 대상자와 돌봄 제공자의 양자 관계만이 아니라 돌봄이 정의되고 구성되고 행해지는 사회적·문화적·정치적 맥락에서 파악되어야 한다.

'좋은돌봄'이란?

좋은돌봄은 각각의 개인이 가진 돌봄 욕구가 서로 다르다는 것을 인정하는 것이 중요하다. 모든 사람이 보편적이고 표준화된 동일한 돌봄 욕구를 가지고 있다고 전제하는 것은 좋은돌봄이 아니다. 즉 돌봄 윤리는 특수하고 개별적인 돌봄 욕구를 있는 그대로 인정하고 구체적으로 민감하게 반응하는 것과 밀접하게 연관되어있다.

방문요양 서비스가 원활하게 이루어지는 스칸디나비아 국가를 살펴보면 수급자의 다양한 욕구를 충족시키기 위해서는 돌봄 노동자의 시간, 연속성, 활동의 자유가 보장되는 것이 중요한 전제조건임을 알 수 있다. 좋은돌봄은 돌봄 관계의 연속성과 충분한 시간, 상호작용

에 대한 재량적 판단이 가능한 돌봄이다.[5]

한편 개별화된 돌봄 욕구에 대한 인정과 반응이 중요하긴 하지만 돌봄 받는 사람의 욕구를 액면 그대로 충족시켜주는 것은 좋은돌봄이 아니다.[6] 돌봄을 받는 사람의 자기결정권만 강조하는 소비자주의는 오히려 돌봄 대상자의 주권을 보장하기 어렵다. 의사가 전문가로서 환자의 식사조절과 생활습관을 처방하듯이, 일선에서 돌봄을 제공하는 돌봄 제공자는 단순히 돌봄 대상자의 요구에 따르기보다는 재량권을 가지고 서비스를 제공하는 것이 더 좋은돌봄이 될 수 있다. 돌봄 대상자와의 긴밀한 커뮤니케이션을 통해 돌봄 욕구를 정확히 전문적으로 파악하는 것이 중요하다고 보는 것이다.

좋은돌봄은 안심하고 신뢰할 수 있는 돌봄 관계로부터 가능하다. 돌봄 제공자에게는 신체 돌봄을 위한 확실한 기술과 돌봄 대상자의 반응을 이해하고 자신의 돌봄이 좋은 방향으로 향하고 있는지의 여부를 감지하는 커뮤니케이션 능력 혹은 공감력이 필요하다.

또한 좋은돌봄이 되려면 돌봄 제공자가 돌봄 대상자의 돌봄 욕구에 관심을 갖고, 민감하게 알아차리고, 신속하게 반응할 수 있는 돌봄 여건이 마련되는 것이 중요하다. 돌봄 대상자의 필요에 부응하지 못하는 것은 돌봄 제공자에게도 상당한 스트레스이다. 따라서 돌봄 대상자와 적극적으로 소통하며 돌봄 대상자의 의향을 최대한 존중하고 민감하게 대응해줄 수 있는 돌봄 여건이 마련되어야 한다.

좋은돌봄 관계가 되려면 사회에서 돌봄 제공자를 잘 보살펴야 한다. 이를 위해 그리스 둘리아 전통을 주목할 필요가 있다.[7] 그리스에서는 아이 돌봄을 위해 유모를 사회적으로 돌보는 전통을 갖고 있다. 돌봄을 둘러싼 권력 관계를 주목해 보면 돌봄을 제공하는 사람과 돌봄을 받는 사람 모두가 상대적인 무권력 상태, 즉 의존적인 상태이다. 돌봄 대상자의 취약성은 육체적, 정신적 능력의 미약에 기인하고 돌봄 제공자의 취약성은 사회적 위치에 기인한다. 돌봄 제공자는 경제적 착취뿐만 아니라 심리적, 성적, 또 다른 육체적 학대를 겪을 수 있다. 그러므로 돌봄 관계에서 나타나는 불평등한 권력과 지배의 문제는 돌봄을 직접적으로 주고받는 돌봄 제공자와 돌봄 대상자 사이의 상호관계를 넘어서서 파악해야 한다. 즉 좋은돌봄 관계가 이루어지려면 사회적으로 취약한 돌봄 대상자와 돌봄 제공자 모두를 보호하는 시스템을 잘 구축하고 운영하는 것이 필요하다. 이와 같은 돌봄 철학을 기반으로 한 돌봄 윤리를 '좋은돌봄'이라 일컫는다.

기능적 돌봄의 중요성

배려와 존중이 중요하다고는 하지만 돌봄에 있어 실질적 핵심은 '기능적 돌봄 행위'임이 분명하다. 돌봄 윤리에서 자칫 기능적 돌봄 행위가 소홀히 취급되는 경향이 있어 다시금 강조하고자 한다.

'돌봄 노동의 능숙함이 돌봄의 책임성이고 전문적 윤리성이다.'

특히 지금까지 우리는 기능적 돌봄에서 '가사 돌봄'의 중요성을 간과해왔다. 자기 주도적·독립적 삶을 지속하는 것(AIP, Aging in

Place)이 중요하다고 하면서도 신체 돌봄에 비해 삶을 지속하는 데 필수적인 가사 돌봄은 소홀히 취급해왔다. 가정 내에서 여성의 보이지 않는 노동으로 이루어진 가사노동에 대한 폄하가 공식 돌봄에서도 이어지고 있는 것이다.

도움을 받아야 하는 노인들의 삶에서 가사 돌봄은 얼마나 중요한 비중을 차지하는가? 특히 지역사회에서 가능한 한 오래 살고 싶은 노인들에게 가사 돌봄은 필수적이다. 돌봄 노동자들이 때때로 "우리가 파출부인가" 하는 자조 섞인 푸념을 하는 것은 스스로 가사 돌봄의 중요성, 가사 돌봄의 전문성을 부정하는 의식에서 비롯된 것일 수 있다. 오히려 가사노동은 충분히 가치 있고 중요하며, 돌봄 노동의 핵심임을 인정하고 어필할 필요가 있다. 돌봄 이용자가 가사 돌봄을 필요 이상 요청하면서 빚어지는 부당 업무 요구의 문제는 일의 내용이 가사 일이기 때문이 아니다. 돌봄 이용자의 과도한 요구로 인해 사회적 자원의 오용과 낭비가 발생하고, 돌봄 노동자의 총합판단력과 전문성에 대한 인정과 존중이 결여되어있기 때문이다.

그런 의미에서 돌봄 노동자의 전문성에 대한 패러다임이 전환될 필요가 있다.[8] 그동안 돌봄 노동자의 전문성은 중증 이상의 돌봄 대상자를 돌보는 '신체적 돌봄'에 중점을 두었다. 가사 돌봄과 정서적 돌봄, 사회활동 지원 등은 상대적으로 경시되어왔다.

돌봄 노동자에게 필요한 것은 깊은 공감력, 신체 돌봄 및 가사 업무 양축의 기술·시간·장소·목적에 따라 필요한 업무를 실행할 수 있는 '총합판단력'이다. 총합판단력은 이제까지 개인의 자질이며 여성성으로 파악되어 특별히 교육해야 할 내용으로 취급되지 않았으나 돌봄 교육의 근간으로 자리 잡아야 한다. 또한 돌봄 상황에 따라 유연하게 서비스를 제공할 수 있는 재량권을 돌봄 노동자가 갖는 것이 중요하다. 이때 돌봄을 받는 사람의 입장에서 더 나은 선택이 무엇인가 하는 전문적 판단이 중심이 되어야 함은 물론이다.

사회적 돌봄과 노인장기요양보험

길어지는 수명과 인구 고령화로 돌봄 욕구가 급격히 증가한 데 비해 돌봄을 담당해왔던 가족의 돌봄 역량은 현저히 약화되었다. 핵가족화의 보편화, 돌봄 기간의 장기화, 여성의 유급노동 증가, 1인 가구의 증가로 더 이상 돌봄을 개인이나 가정에서 책임지기에는 한계가 있다. 증가하는 돌봄 욕구와 감소하는 가족의 돌봄 역량 사이에서 초래되는 '돌봄 공백'이 '돌봄 위기'가 되어 새로운 사회적 위험으로 다가왔다.

이는 돌봄을 사회적 의제로 급부상시켰으며 돌봄에 대한 사회적·국가적 책무를 강조하고 있다. 그 결과 전 세계적으로 돌봄 욕구에 대응할 수 있는 보편적인 사회정책으로 장기요양정책이 수립되었다. 우리나라는 2008년 7월부터 노인장기요양보험제도가 시작되었다.

노인장기요양보험제도는 고령이나 노인성 질병 등의 사유로 일상생활을 혼자서 수행하기 어려운 노인 등에게 신체활동 또는 가사활동 지원 등의 장기요양급여를 제공하여 노후의 건강증진 및 생활 안정을 도모하고 가족의 부담을 덜어줌으로써 국민 삶의 질을 향상하기 위해 시행하는 사회보험제도이다.

사회적 돌봄이 갖는 의미

보편적인 사회적 돌봄 제도로서 노인장기요양보험제도가 도입되었다는 것은 어떤 의미를 갖는가?

첫째, 돌봄 받을 보편적 권리에 대한 사회적 책임을 인정한다는 것을 의미한다. 사회가 돌봄이 필요하다고 인정한 사람에게 필요하다고 인정한 만큼의 돌봄을 제공하겠다는 것이다. 이때 돌봄이 필요한 사람의 수급 자격과 포괄 범위를 정하는 것은 돌봄의 필요와 사회적 부담 역량 간에 균형점을 찾는 공공적 합의를 통해 결정할 수 있다. 돌봄 서비스의 포괄 범위와 돌봄 서비스의 보장 수준 역시 마찬가지다.

둘째, 돌봄을 위해 필요한 재정을 사회적으로 책임지고 조달하는 것을 의미한다. 사회적 돌봄에 필요한 사회적 시스템을 구축하는 것은 노인장기요양보험제도, 노인맞춤돌봄제도 등 법제도를 만드는 것, 재정을 조달하는 것, 서비스 제공기관을 구축하는 것, 서비스 인력을 양성하고 자격을 관리하는 것 등이 포함된다.

그중에서도 돌봄을 제공하기 위해 필요한 재정을 사회적으로 책임지고 조달하는 것이 핵심이다. 돌봄 재정을 사회적으로 조달하게 되면, 개인이 시장에서 돌봄 서비스를 구매하는 것과 달리 공공제도로서의 성격을 갖게 된다. 공공제도는 공공성을 담보해야 한다. 돌봄 서비스 제공기관, 돌봄 서비스 인력, 돌봄 서비스 관리감독기관, 돌봄 서비스 수급당사자 및 가족 등 돌봄에 관여하는 모든 주체는 공공성을 가지고 '좋은돌봄'을 제공하는 것을 최우선 목적으로 해야 한다.

셋째, 안심하고 이용할 수 있도록 정부가 돌봄 서비스 제반 환경을 관리하고 감독하는 것을 의미한다. 돌봄 서비스 제공기관의 공급관리, 자격관리, 운영관리뿐 아니라 돌봄 서비스의 질을 직접적으로 책임지는 돌봄 인력에 대한 역량 향상을 지원하고 사회적으로 보호해야 한다. 돌봄이 필요한 사람들이 안심하고 보증된 돌봄을 충분히 받을 수 있도록 사회가 책임지는 것이다.

노인장기요양보험제도를 이용하려면?

장기요양 정책의 수급 대상은 65세 이상의 노인 또는 65세 미만의 자로서 치매·뇌혈관성 질환 등 노인성 질병을 가진 자 중 6개월 이상 혼자서 일상생활을 수행하기 어렵다고 인정되는 자이다. 65세

미만의 노인성 질병이 없는 일반 장애인은 별도의 제도(장애인활동지원제도)를 적용한다.

장기요양제도의 혜택을 받으려면 장기요양 인정 절차를 통해 장기요양 인정자로 판정받아야 한다. 장기요양 인정평가 절차는 다음과 같다.

국민건강보험공단에 장기요양 인정신청서를 제출한다.

국민건강보험공단의 기능평가 직원이 방문하여
장기요양 인정신청인의 심신 상태를 조사·평가하고,
장기요양 인정평가 결과와 함께 의사소견서를 첨부하여
장기요양등급판정위원회 심의에 상정한다.

장기요양등급판정위원회는 최종적으로
장기요양 인정자 여부 및 인정등급을 판정하게 된다.

장기요양 인정등급은 장기요양 인정점수에 따라 1등급에서 5등급, 인지지원등급 등 총 6개의 등급으로 구분된다. 1등급이 최중증이다. 5등급은 경증치매 등급이며 인지지원등급은 기능상태 장애보다 치매가 있는 경우에 등급이 부여된다.

장기요양 인정점수(2021년 현재)

장기요양 등급	심신의 기능상태
1등급	심신의 기능상태 장애로 일상생활에서 전적으로 다른 사람의 도움이 필요한 자로서 장기요양 인정 점수가 95점 이상인 자
2등급	심신의 기능상태 장애로 일상생활에서 상당 부분 다른 사람의 도움이 필요한 자로서 장기요양 인정 점수가 75점 이상 95점 미만인 자
3등급	심신의 기능상태 장애로 일상생활에서 부분적으로 다른 사람의 도움이 필요한 자로서 장기요양 인정 점수가 60점 이상 75점 미만인 자
4등급	심신의 기능상태 장애로 일상생활에서 일정 부분 다른 사람의 도움이 필요한 자로서 장기요양 인정 점수가 51점 이상 60점 미만인 자
5등급	치매 환자로서(노인장기요양보험법 시행령 제2조에 따른 노인성 질병으로 한정) 장기요양 인정 점수가 45점 이상 51점 미만인 자
인지지원등급	치매 환자로서(노인장기요양보험법 시행령 제2조에 따른 노인성 질병으로 한정) 장기요양 인정 점수가 45점 미만인 자

장기요양 인정등급 판정을 통해 장기요양 인정자가 되면 장기요양인정서와 장기요양이용계획서*를 받게 된다. 장기요양인정서를 오염, 손상, 분실한 경우에는 인정서를 발급한 건강보험공단 지사에 재발급 신청을 하면 된다.

인정서 갱신은 유효기간 2~3개월 전에 건강보험공단에서 우편으로 갱신에 대한 안내를 하는데, 이때 치매나 입원 등으로 갱신 기간을 놓치는 경우가 있으므로 어르신을 가장 가까이에서 돌보는 요

---

* 2021년 7월 이전에는 표준장기요양이용계획서를 전달하였는데 7월 이후에는 개별 맞춤형 급여이용 권고 내용이 담긴 '개별장기요양이용계획서'를 전달한다.

양보호사가 챙기는 것이 좋다. 어르신이 제때 갱신을 받을 수 있도록 안내하고 건강보험공단에서 보내온 우편물을 잘 보관하며 가족이나 기관에 보고하는 것도 요양보호사의 업무 중 하나다.

장기요양인정서의 구성

- 성명, 생년월일
- 장기요양 인정번호(최초 발급은 100, 103은 등급이 세 번째 갱신됨을 뜻함)
- 장기요양등급
- 유효기간 : 보통 유효기간은 2년이다. 단, 갱신 결과 동일 등급으로 인정 시 1등급은 4년, 2~4등급은 3년, 5등급 및 인지지원등급은 2년이다.
- 장기요양급여의 종류 및 내용
- 관리 지사(등록 주소지의 건강보험공단 지사)
- 수급자 안내사항

장기요양이용계획서는 장기요양 인정자가 월 급여한도액 안에서 어떤 서비스를 이용할지 계획을 수립하는 데 도움을 수는 계획안이다. 장기요양이용계획서에 기재된 장기요양 필요 영역, 장기요양 목표, 세부급여 내용, 이용계획 및 비용에 준하여 돌봄 서비스를 이용할 수 있다.

기관에서는 장기요양이용계획서를 기본으로 어르신과 보호자의 욕구를 반영하여 급여 제공계획을 수립하고 어르신의 확인을 받은 후 공단에 통보한다. 장기요양급여 제공계획서를 통보하지 않으면 돌봄 서비스를 제공할 요양보호사가 일정 등록을 할 수 없다.

장기요양이용계획서는 어르신의 개인정보와 건강상의 문제, 그리고 필요한 서비스 내용이 기록되어있으므로 잘 보관해야 한다. 장기요양이용계획서가 오염되었거나 손상되거나 분실했을 때는 계획서를 발급한 건강보험공단지사에 재발급을 신청한다.

장기요양이용계획서의 구성

- 어르신 개인정보
- 급여의 종류와 월 한도액
- 본인부담금 비율(기초생활수급권자 0%, 감경 비율에 따라 6%, 9%, 일반 15%)
- 장기요양급여 제공계획서 작성 시 참고할 사항
  장기요양 문제 : 어르신의 신체 상태 및 욕구
  장기요양 목표 : 서비스 제공 목표
  장기요양 필요 영역 : 필요 서비스 종류
  장기요양 필요 내용 : 필요 서비스 내용

- 수급자 희망급여 : 계획서상 희망급여가 시설급여인데 방문요양을 원하면 희망급여를 변경하여 재발급받아야 한다. 해당 건강보험공단 지사에 수급자나 보호자가 유선으로 변경 및 재발급을 요청할 수 있다.

※ 유의사항
장기요양 이용계획 및 비용 표에서 제시한 급여와 횟수로 급여 제공계획을 수립해야 한다. 서비스 횟수와 비용을 변경하고자 할 때, 일반의 경우 급여 제공계획서 종합의견(총평)란에 사유를 적어야 한다. 기초생활수급자인 경우 본인이나 보호자가 건강보험공단에 장기요양이용계획서를 변경 신청하여야 한다.

---

* 장기이용계획서 작성사례는 부록을 참고한다.

[양식] 장기요양인정서

발급번호 :   발행일자 :

장기요양인정서

성 명		생년월일	
장기요양인정번호		장기요양등급	
유효기간		장기요양급여의 종류 및 내용	
장기요양등급판정 위원회 의견			

관리지사   전화번호

주소

국민건강보험공단 이사장

수급자 안내사항

1. 수급자가 장기요양급여를 받기 위해서는 장기요양기관에 장기요양인정서를 제시하여야 합니다.
2. 「노인장기요양보험법」 제40조에 따라 「의료급여법」 제3조제1항제1호에 따른 의료급여를 받는 사람은 본인 일부부담금이 면제되고 「의료급여법」 제3조제1항제1호 외의 규정에 따른 의료급여를 받는 사람은 본인부담 금이 60% 경감됩니다.
3. 장기요양급여는 월 한도액 범위 내에서 이용이 가능하며, 이를 초과하는 비용 및 비급여비용은 본인이 전액 부담합니다.
4. 장기요양보험료를 5회 이상 납부하지 아니하면 장기요양급여를 받을 수 없습니다.
5. 장기요양인정 등급판정결과에 대해 이의가 있는 경우 통보를 받은 날로부터 90일 이내에 공단에 증명서류를 첨부하여 심사청구할 수 있습니다.
6. 장기요양인정의 갱신신청을 하려는 경우에는 유효기간이 끝나기 90일 전부터 30일 이내에 공단에 증명서류를 첨부하여 심사청구할 수 있습니다.
7. 장기요양급여의 종류 및 내용이 "가족요양비"인 경우 「노인장기요양보험법」 제27조의2 및 같은 법 시행 규칙 제21조의3에 따라 지급계좌를 특별현금급여수급계좌로 신청·변경할 수 있습니다.
8. 「노인장기요양보험법」 제15조제4항에 따라 거짓이나 그 밖의 부정한 방법 등으로 장기요양 인정을 받은 것으로 의심되는 경우 공단은 인정조사를 실시하여 다시 등급 판정을 할 수 있습니다.

[예시] 장기요양이용계획서

장기요양인정번호 :

개인별장기요양이용계획서

본 서식은 수급자가 장기요양급여를 원활히 이용할 수 있도록 발급하는 이용계획서로 장기요양기관과 급여계약 체결 시에 제시하시기 바랍니다.

성 명		○ ○ ○	생년월일	××××××××
장기요양 등급		○등급	인정유효기간	×××××××~××××××××
재가급여(월 한도액)		1개월당 ○○○○○원		재가 : ○○%

		일반	1일당 원		
시 설 급 여	노인 요양 시설	치매전담실 가형	1일당 원	본인일부 부담금(을)	시설 : %
		치매전담실 나형	1일당 원	※ 발급일 기준	
	노인 요양 공동 생활 가정	일반	1일당 원		
		치매전담형	1일당 원		

장기요양필요영역	장기요양욕구	장기요양목표	장기요양 필요내용
신체활동지원	개인위생관리	개인위생을 통해 혈액순환 증진 등 건강상태 유지	옷갈아입기 도움 세면 지시 및 지켜보기, 양치질 지 시 및 지켜보기, 몸씻기 도움, 머리감기 도움, 몸단장, 물품 준비와 지켜보기, 손발톱 깎기
	안전한 이동도움	안전한 이동 낙상발생 및 합병증 최소화	이동 시 부축 도움 위험요소 최소화 및 안전관리로 낙상예방
	화장실 이용하기 배변관리	도움을 받아 화장실 사용 가능 배변 문제 완화	화장실 이용 도움 배변문제 관리
	약 챙겨먹기	정확한 복약으로 증상 완화	정확한 복약 도움(시간 용량 용법 등
	관절 움직임 관리	운동기능 유지 및 악화 예방	관절운동지원
인지활동지원	인지지원	인지기능 향상	인지기능악화 예방활동(인지활동형 프로그램 이외)
일상생활지원, 환경관리	일상생활수행	지원을 통한 일상생활 수행	청소 및 주변 정돈, 생활환경 관리(위생적 환경조성, 위험요인 제거 등)
개인활동지원	개인활동수행	개인활동과 사회생활 유지하기	외출 시 동행, 병원동행, 산책 동행(도움)
지역자원연계	사회적 도움	사회적 도움으로 삶의 질 향상	지역사회의 다양한 자원 연계
수급자 희망급여	방문요양		

유 의 사 항	- 우울감, 무기력감, 고립감을 해소하고 안정감을 유지할 수 있도록 적극적인 정서적 지원이 필요합니다. - 장기요양급여 이용 시 자존감 보호를 위한 충분한 배려가 필요합니다. - 자립보행이 어려워 낙상위험이 높으므로 안전한 환경조성 및 세심한 주의가 필요합니다. - 균형 잡힌 식단관리 및 식사지원 등 적절한 영양관리가 필요합니다.

장기요양이용계획 및 비용		(급여비용 기준일 : ○○○○.○○.○○)		
급여종류	횟수			
방문요양	주 5회 (180분 이상(방문당))		○○○○○원	○○○○○원
				원
				원
				원
				원
합계			○○○○○원	○○○○○원
복지용구	안전손잡이			

장기요양급여, 어떤 서비스가 있나

장기요양급여 이용 결정 및 서비스 제공자 선택은 수급권자인 어르신과 보호자에게 권한을 부여하고 있다. 장기요양급여는 크게 시설급여와 재가급여로 나뉜다.

시설급여에는 노인요양시설, 노인요양공동생활가정이 있으며, 재가급여에는 방문요양, 방문목욕, 방문간호, 주야간보호, 단기보호, 복지용구 서비스가 있다. 복지용구 서비스는 수급자의 일상생활·신체활동 지원 및 인지기능의 유지·향상에 필요한 용구를 제공하거나 가정을 방문하여 재활에 관한 지원 등을 제공하는데, 연 160만 원 한도 내에서 사용할 수 있다.

한편 정책 설계 당시 고려하지 않은 '가족인 요양보호사'®가 방문요양급여 제공자 중 상당한 비중을 차지하고 있다. 가족인 요양보호사는 요양보호사 자격을 갖춘 가족이 본인 가족에게 장기요양 서비스를 제공하는 것을 의미한다. 가족인 요양보호사는 방문요양센터에 고용되이 빙문요양센터로부터 임금을 받는 헝태를 취히고 있으나, 사실상 가족 요양비와 같은 현금 급여로 인식되는 경향이 강하다. 정부는 서비스 질을 관리하고 평가하기 어렵다는 이유 등으로 가족인 요양보호사를 축소하려는 정책을 시도해왔으며, 현재 가족인 요양보호사의 1일 인정 서비스 제공시간을 60분까지 축소 제한하고 있다.

◦ 가족관계에 있는 이용자에게 요양서비스를 전문적으로 제공하는 요양보호사를 말한다.

장기요양급여 내용

급여	급여 내용
노인요양시설	장기간 입소한 수급자에게 신체활동 지원 및 심신기능의 유지·향상을 위한 교육·훈련 등을 제공하는 장기요양급여 ※ 입소 정원 : 10명 이상
노인요양 공동생활가정	장기간 입소한 수급자에게 가정과 같은 주거여건에서 신체활동 지원 및 심신기능의 유지 향상을 위한 교육·훈련 등을 제공하는 장기요양급여 ※ 입소 정원 : 5~9명
방문요양	장기요양요원이 수급자의 가정 등을 방문하여 신체활동 및 가사활동 등을 지원하는 장기요양급여
인지활동형 방문요양	1~5등급 치매수급자에게 인지자극활동 및 잔존기능 유지·향상을 위한 일상생활 함께하기 훈련을 제공하는 급여 (기존의 방문요양과는 달리 빨래, 식사 준비 등의 가사지원은 제공할 수 없으나, 잔존기능 유지·향상을 위해 수급자와 함께 옷개기, 요리하기 등은 가능함)
방문간호	의사, 한의사 또는 치과의사의 지시에 따라 간호사, 간호조무사 또는 치위생사가 수급자의 가정 등을 방문하여 간호, 진료의 보조, 요양에 관한 상담 또는 구강위생 등을 제공하는 급여
주야간보호	수급자를 하루 중 일정한 시간 동안 장기요양기관에 보호하여 목욕, 식사, 기본간호, 치매관리, 응급서비스 등 심신기능의 유지·향상을 위한 교육, 훈련 등을 제공하는 급여
단기보호(1일당)	수급자를 월 9일 이내 장기요양기관에 보호하여 신체활동 지원 및 심신기능의 유지 향상을 위한 교육, 훈련 등을 제공하는 장기요양급여
방문목욕(방문당)	장기요양요원이 목욕설비를 갖춘 차량을 가지고 수급자의 가정을 방문하여 목욕을 제공하는 급여
복지용구	수급자의 일상생활 또는 신체활동 지원에 필요한 용구(보건복지부 장관이 정하여 고시)를 제공하거나 대여하여 노인장기요양보험 대상자의 편의를 도모하고자 지원하는 장기요양급여 ※ 휠체어, 전동·수동침대, 욕창방지 매트리스·방석, 욕조용 리프트, 이동욕조, 보행기 등

2021년 재가급여 월 한도액 및 서비스 이용횟수 (2020년 기준)

분류	내용
1등급	• 월 한도액 : 1,520,700원 • 서비스 내용 : 방문요양 20회, 방문목욕 2회, 방문간호 4회, 주야간보호 6.2회, 단기보호 0.5회
2등급	• 월 한도액 : 1,351,700원 • 서비스 내용 : 방문요양 20회, 방문목욕 2회, 방문간호 3회, 주야간보호 6.2회, 단기보호 0.5회
3등급	• 월 한도액 : 1,295,400원 • 서비스 내용 : 방문요양 12회, 방문목욕 1회, 방문간호 2회, 주야간보호 14회, 단기보호 0.5회
4등급	• 월 한도액 : 1,189,800원 • 서비스내용 : 방문요양 8회, 방문목욕 1회, 방문간호 2회, 주야간보호 16회, 단기보호 0.5회
5등급	• 월 한도액 : 1,021,300원 • 서비스 내용 : 방문요양 9.5회, 방문간호 2회, 주야간보호 16회, 단기보호 0.5회
인지지원등급	• 월 한도액 : 573,900원 • 서비스 내용 : 주야간 12회

장기요양급여 제공계획서

장기요양급여 제공계획서는 시설장 또는 방문사회복지사가 작성하며 어르신 또는 보호자의 확인 서명과 작성자와 시설장의 확인 서명으로 마무리한다.

요양보호사는 어르신께 서비스를 제공하기 전에 반드시 시설장이나 방문사회복지사로부터 장기요양급여 제공계획서에 대한 설명

장기요양급여 제공계획서 (출력용)

장기요양기관명	○○○○○○○
장기요양기관기호	××××××××××

수급자 성명	○○○	생년월일	○○○○.○○.○○	장기요양인정번호	××××××××××
장기요양 등급	○등급	장기요양 인정유효기간	××××.××.××~××××.××.××	표준장기요양 이용계획서 번호	××××××××××

장기요양 급여종류	장기요양 급여계약일	장기요양급여 계약기간	장기요양급여제공계획서 적용기간	작성일
방문요양	××××.××.××	××××.××.×× ~ ××××.××.××	××××.××.×× ~ ××××.××.××	××××.××.××

목표	방문요양	- 개인위생관리를 통한 자존감 향상 - 규칙적인 운동 및 약 복용으로 건강상태 유지	- 지원을 통한 일상생활 및 개인활동 유지 - 사회적 고립감 감소

급여종류	장기요양 필요영역	장기요양 세부목표	장기요양 필요내용	세부제공 내용	횟수 (주기/회)	시간	작성자
방문요양	신체활동지원	청결상태 유지를 통해 자존감을 향상한다.	옷준비 및 정리	옷 준비해주고 정리 등 마무리 도움	주 2회	10	○○○
			손발톱 깎기	손발톱 깎기 및 정리	월 1회	10	○○○
		보행기능을 유지하고 하지근력을 강화한다.	보행연습 등 하지근력강화	보행연습과 하지근력강화를 위한 운동	일 1회	30	○○○
		규칙적으로 약을 복용한다.	정확한 시간 복약 도움	시간에 맞추어 약 챙겨주기 등 복약도움	일 1회	5	○○○
	정서지원	사회적 고립감을 감소한다. 사회적 관계 및 지지체계를 마련한다.	사회적 지지체계 연계 외 관계망 연결	사회적 지지체계 연계와 관계망 연결 및 지역사회자원 이용 안내 등	일 1회	30	○○○
			말벗 및 격려 위로 등 정서적 지원	말벗, 편지쓰기, 안부확인을 위한 방문 등			○○○
	일상생활지원, 환경관리	지원을 통해 생활환경을 유지하고 삶의 의욕을 향상한다.	취사	식재료 준비, 밥짓기, 반찬준비, 설거지, 행주삶기, 음식물분리수거 등	일 1회	40	○○○
			세탁	수급자의 옷, 양말, 수건, 침구류, 걸레 등 세탁	주 1회	10	○○○
			청소 및 주변 정돈	수급자가 거주하는 방, 거실, 화장실 청소, 이부자리 정돈 등	일 1회	30	○○○
			생활환경 관리(위생적 환경 조성, 위험요인 제거 등)	비위생적 환경 개선, 위험한 환경요인 개선 등	주 1회	10	○○○
	개인활동지원	개인활동과 사회생활을 유지한다.	외출 시 동행	외출 시 부축 또는 동행(대중교통등 차량이용 포함)하고 책임 귀가	필요 시	60	○○○
			산책동행(도움)	산책을 위한 부축 또는 동행하고 책임귀가	주 3회	30	○○○
	지역자원연계	사회적 도움으로 삶의 질을 향상한다.	지역사회의 다양한 자원 연계	인적물적자원 등 다양한 지역 사회 지원연계	월 1회	10	○○○

종합의견	수전증으로 인한 일상생활의 불편함을 많이 호소하며 삶에서 가장 기본적이고 중요한 식사조차 혼자서 손쉽게 할 수 없는 것에서 오는 우울함이 있다. 가능한 것은 스스로 하려고 노력하고 있으며 급여 제공 시에도 자존감 보호를 위한 충분한 배려가 필요하다. 목욕, 머리감기 등 개인위생 자립적으로 해결하려고 하며 병원은 보호자인 조카가 동행하고 있어 필요내용에서 제외하였다. 수전증으로 인한 떨림이 심한 상태로 취사, 세탁, 청소 등 일상생활지원에 대한 욕구를 반영하여 필요내용을 추가하였다. 당뇨가 있어 적절한 영양섭취와 규칙적인 약 복용을 통해 혈당 관리와 건강 상태 유지가 필요하다. 또한 척추협착으로 인한 통증이 있어 운동 및 산책 동행에 대한 욕구를 반영하여 필요 내용에 추가하였다. 스스로도 전보다는 인지기능이 저하됨을 느끼고 있으나 인지활동 프로그램이나 학습에 대해서는 거부하였다. 경도인지장애 판정을 받고 치매 치료제를 복용하고 있으며 스스로 잔존능력을 활용하려는 노력을 하고 있다. 본인의 거부로 인지활동지원은 필요내용에서 제외하였으나 날짜시남력이나 단기기억력으로 유지될 수 있도록 자주 상기하고 현재는 판단력, 이해력 양호하며 치매로 인한 문제행동은 없는 상황으로 인지기능상태에 대해 정기적인 관찰 정도로 조정하였다. 일방적인 도움보다는 잔존기능을 활용할 수 있도록 급여제공이 필요하다.

총괄책임자   ○○○   (인)

과 업무에 대한 충분한 안내를 요청해야 한다.

　　장기요양급여 제공계획서에 기재된 내용과 어르신의 신체 및 기능 상태가 다르거나 이용하고자 하는 급여 종류가 다를 경우 요양보호사는 시설장 또는 방문사회복지사에게 장기요양이용계획서를 변경 신청해달라고 요청해야 한다.

노인장기요양보험제도, 어떻게 운영되는가

　　노인장기요양보험은 보건복지부가 관장하고 건강보험공단이 관리운영을 담당한다. 국민건강보험공단은 재원조달 및 급여지출, 수급자격 심사 및 선정 등을 맡고 있다. 서비스 제공기관은 국가최소요건을 충족하는 경우 운영주체와 관계없이 비교적 자유로운 진입을 허용하고 있다. 다만 2018년 12월 법 개정 이후, 지정제로 서비스 제공기관 지정요건이 강화되었다.

　　장기요양보험이 도입되면서 요양보호사 자격제도가 만들어졌다. 요양보호사 교육기관에서 240시간의 교육과정(이론 80시간, 실기 80시간, 실습 80시간)을 이수하고, 국가자격시험(연 1회 이상, 60점 이상)을 통과한 자에 한하여 요양보호사 자격증을 발급하고 있다.

　　노인장기요양보험 운영에 소요되는 재원은 가입자가 납부하는 장기요양보험료 및 국가 지방자치단체 부담금, 장기요양급여 이용자가 부담하는 본인일부부담금으로 조달된다. 장기요양보험 가입자는 건강보험 가입자와 동일하며, 장기요양보험료는 건강보험료액에 장기요양보험료율을 곱하여 산정한다. 장기요양보험료율은 매년 재정 상황 등을 고려하여 보건복지부장관 소속 장기요양위원회의 심의를 거쳐 대통령령으로 정하고 있다.

국가 및 지방자치단체 부담금은 국가와 지방자치단체가 의료급여 수급권자에 대한 장기요양 급여비용, 의사소견서 발급비용, 방문간호지시서 발급비용 중 공단이 부담해야 할 비용 및 관리 운영비의 전액을 부담한다. 국고 지원금과 국가 부담금이 있는데 이중 국고 지원금은 국가가 매년 예산의 범위 안에서 해당 연도 장기요양보험료 예상 수입액의 100분의 20에 상당하는 금액을 공단에 지원한다.

본인일부부담금은 재가급여의 경우 당해 장기요양급여 비용의 100분의 15를 본인이 부담하며, 시설급여는 당해 장기요양급여 비용의 100분의 20을 본인이 부담한다. 「국민기초생활보장법」에 따른 의료급여 수급자는 본인일부부담금이 전액 면제되며, 부담 역량에 따라 본인일부부담금의 60%를 감경하는 경우 본인일부부담금의 40%를 감경하는 자 등 경감제도를 적용하고 있다.

좋은돌봄과 돌봄종사자지원센터

장기요양서비스의 공공성은 소극적 의미에서는 돌봄 대상자와 돌봄 제공자 간에 서로 기만하거나 남용이 없는 상태이다. 적극적 의미에서는 성숙한 시민성에 기반하여 상호 존중하고 배려하며 좋은돌봄 문화를 만들어나가는 상태를 말한다. 이때 좋은돌봄은 돌봄 대상자와 돌봄 제공자, 두 당사자 사이에서 창출되는 것이 아니라 사회제도적으로 좋은돌봄을 제공할 수 있는 물리적 조건과 문화적 조건을 적극 지원할 때 비로소 가능해진다.

2013년에 설립된 서울시 어르신돌봄종사자종합지원센터(이하, 돌봄종사자지원센터)는 '좋은돌봄, 좋은 일자리'를 모토로 역량 있는 돌봄 종사인력이 안정적으로 재생산되는 것을 조직의 비전으로 삼고 있다. 이를 위해 돌봄 정책을 일선에서 실천하는 돌봄 종사자가 서비스 전문역량을 강화하며 안정적이고 지속적으로 일할 수 있도록 다각적이고 종합적인 지원서비스를 제공하고 있다.

돌봄종사자지원센터의 목적은 돌봄 서비스 지원조직으로서 서비스 공공성이 담보되는 '지속가능한 좋은돌봄 사회'를 만들어나가는 것이다. 돌봄 종사자의 역량을 강화하고 재충전할 수 있도록 지원하는 것을 넘어 돌봄 종사자의 권익을 보호하고 돌봄 노동의 사회경제적 가치가 정당하게 인정받는 '돌봄 노동 존중'의 사회정의 실현을 추구한다. 구체적으로 살펴보면 다음과 같다.

첫째, 돌봄 종사자는 일선에서 서비스를 제공하고 서비스 질을 실질적으로 담보하는 중요한 역할을 담당하는데도 돌봄 종사자를 보호할 수 있는 사회제도적 장치가 거의 부재한 상황이다. 따라서 돌봄 종사자의 권익을 사회제도적으로 보호하는 장치를 마련해야 한다. 돌봄종사자지원센터는 지원조직의 특성상 돌봄 종사자의 개별적 권익을 직접적으로 대변하고 관철하는 역할을 수행하기는 어렵지만 사회제도적 소통을 통하여 돌봄 종사자의 권익을 대변하고 옹호하는 역할을 수행할 수 있다.

둘째, 서비스 인력의 역량 제고를 위해 교육기관의 역할을 한다. 서비스 공급기관이 서비스 질 제고를 위한 직무교육을 개별적으로 수행하기는 어려우므로 서비스 인력에 필요한 직무교육을 돌봄종사자지원센터에서 제공하는 것이다.

셋째, 돌봄 종사자들을 신체적·심리적으로 지원한다. 돌봄 종사자들은 신체적으로나 심리적으로 소진되기 쉬운 직무를 수행하고 있다. 돌봄 종사자들의 신체적·심리적인 재충전 프로그램을 다각도로 지원한다.

넷째, 서비스 공급체계 내 소통 역할을 수행한다. 돌봄 현장의 목소리를 정책제도 설계 및 운영자에게 전달함으로써 돌봄 서비스의 질과 공공성 및 지속가능성을 제고할 수 있다. 이는 장기적으로 안정적인 서비스 인력의 재생산을 가능케 하고, 질 좋은 서비스를 제공하는 데 도움이 되므로 상호 시너지를 거둘 수 있다.

마지막으로, 좋은돌봄 문화 확산을 위해 노력한다. 성숙한 시민성에 기반을 둔 좋은돌봄 문화를 만들어나가기 위해서는 전 사회적 캠페인이 요구된다. 돌봄종사자지원센터가 돌봄 당사자(어르신, 보호자, 요양보호사)들의 상호 인정, 존중, 배려, 절제, 감사하는 사회적 캠페인 내용을 만들고 보급해나가는 역할을 담당하고 있다.

돌봄 전문직과 실천윤리강령

돌봄 전문직의 특성과 교육

돌봄 전문직은 다음과 같은 다섯 가지 특성을 갖는다.[9]

첫째, 전문조직의 활용

돌봄 전문직은 직무 수행에서 전문적 판단을 지원해줄 수 있는
공식적, 비공식적 동료 조직이 존재하며 이를 활용한다.

둘째, 공공 서비스 신념

돌봄 전문직은 사회에 꼭 필요하며 일반인에게 이득이 된다고
느끼는 신념을 갖고 있다.

셋째, 자기규제 원칙

돌봄 전문직은 직무 수행과 관련하여 스스로를 규제하고 제재할 수 있다는 믿음을 갖고 있다.

넷째, 직업적 소명의식

돌봄 전문직은 생계수단을 넘어 삶의 목적이 되고 이에 몰입한다.

다섯째, 전문적 자율성

돌봄 전문직은 외부의 압력 없이 전문가 스스로 결정을 내리는 권위를 갖고 있다.

그런데 최근에는 돌봄 종사자의 생각에 변화가 나타나고 있다. 돌봄 전문직에서의 전문성을 단순히 지식과 기술을 익히고 적용하는 것으로는 규정하기가 어려워진 것이다.[10] 즉 돌봄 전문직의 지식과 기술이 영구하고 고정되고 일원적인 것이 아니라 임시적이고 상황적이고 다원적이다. 따라서 이들의 전문적 식견은 서비스 이용자들의 일상 속에서 맥락이 이어질 때 제대로 발휘된다. 서비스 이용자들과의 대화와 담소를 통해 전문성이 지속적으로 재생산된다고 보는 것이다. 돌봄 종사자의 일상적 지식이 정형적 지식으로 병합되는 즉흥적 과정improvisation process 또는 반사적 탐구reflexive searches 등을 실천하는 것도 중요해졌다. 전문직의 특성 중에서 가치와 사명, 성찰에 입각한 반사적 지식과 기술을 강조한다.[11] 또한 불평등 관계에서 평등 관계로 발전한다. 관계의 지배자에서 협력자로 전환하고 있다.[12]

이러한 맥락에서 전문직 훈련으로 추천되는 것들을 보자면 환자를 돌보는 경험, 롤모델, 자기성찰 활동, 공동체 소속감 발달 등을 들 수 있다.[13] 이중 자기성찰 활동은 자기성찰 일기 혹은 성찰적 글쓰기 등이 있다. 자기성찰 일기는 일상적 경험, 때로는 혼란스러운 경험, 그로 인한 감성적인 반응 및 성찰, 그리고 견해 및 행동의 변화와 같은 성찰과정을 드러내는 방법이다. 이밖에 질문법 또는 서술적 피드백 등을 사용한 '성찰 가이드 질문guided reflection'도 유용하다.[14] 또한 다양한 환자 경험 및 돌봄 현장 경험도 필요하다. 동료나 슈퍼바이저와 집단적으로 경험을 나누며 함께 성찰하는 것도 좋다.

★★★ (예시) 성찰 가이드 질문 ★★★

- 요양보호사가 된다는 것은 나에게 어떤 의미인가?
- 요양보호사로서 자격을 제대로 갖추기 위해 스스로에게 기대하는 바는 무엇인가? 또는 모범적인 요양보호사는 어떤 모습이고, 왜 그렇게 생각하는가?
- 경험 속에서 기존관념이나 생각을 돌아보게 하는 놀라운 순간은 어떤 것이었고, 그것으로 자신이 어떤 요양보호사가 되어가고 있다고 생각하는가?

돌봄 전문직의 돌봄 윤리

돌봄은 관계적이다. 돌봄을 주고받는 관계적 속성을 본질로 한다. 돌봄은 가치를 포함하는 실천이어야 하고 돌봄 관계 사이의 돌봄 윤리가 중요하다.[15] 그러므로 돌봄 실천은 돌봄의 관계적 특성을 반영한 돌봄 윤리를 구현해야 한다. 돌봄 윤리를 구성하는 범주는 크게 두 가지이다.

첫째, 공공 서비스의 전달자이자 공공성 가치를 실현하는 주체로서의 실천윤리이다. 서비스 제공자 개인의 입장이나 이해보다는 좋은돌봄이라는 공공적 이해를 더 앞세우는 전문가로서의 윤리성, 공적 직업인으로서의 책임성이 발휘되기를 기대한다.

둘째, 인간에 대한 직접적인 대인 서비스를 실천하는 과정에서 인간의 존엄성을 수호하기 위한 실천윤리이다. 인간은 관계적인 존재인 동시에 독립적이고 개별적인 존재이다. 관계적 존재로서의 친밀성보다 더 본질적인 것이 개별적 존재성이다.[16] 따라서 고유한 개별성에 대한 존엄성 실천이 중요하다. 개별성을 인정하고 존중하는 것, 자기 주도적이고 독립적인 삶을 최대한 지원하는 것, 사적 공간을 존중하고 보호하는 것은 존엄성 실천윤리의 핵심이다. 이를 바탕으로 돌봄 전문직 실천윤리강령을 10가지로 정리해볼 수 있다.

돌봄 전문직 실천윤리강령 10가지

1. 공공 서비스 가치의 수호자로서 정체성을 내면화한다.

- 돌봄 서비스 이용자의 입장과 이익을 최대한 우선적으로 고려한다.
- 한순간이라도 돌봄 서비스 이용자의 유익이 아닌 나 자신의 필요를 위해 진행한 행위가 있다면 전문직 윤리에서 말하는 전문적 거리두기에 실패하는 '경계 침해 boundary violation'에 해당한다.[17]
- 공적 서비스 제공자로서의 책임감을 가지고 서비스 제공에 임한다.
- 사회적 돌봄의 공공적 가치를 수호하는 돌봄 전문 직업인으로서 자긍심과 직업적 사명감을 갖는다.

2. 민감한 인권 감수성을 가지고 인권적 실천을 한다.

- 돌봄 서비스 이용자를 항상 인격적으로 존중한다. 이용자의 신체적, 정신적, 인지적 손상 등을 이유로 함부로 대하지 않는다.
- 돌봄의 특성상 돌봄 제공자 및 돌봄 서비스 이용자 쌍방이 학대, 방임의 발생 가능성이 상당하므로 항상 인권 감수성에 대한 긴장을 늦추지 말아야 한다.

3. 돌봄 서비스 이용자의 상황을 민감하게 살피고 욕구를 정확히 파악하여 신속하게 반응한다.

- 돌봄 서비스 이용자의 변화를 민감하게 알아차려야 한다.
- 돌봄 욕구를 정확하게 파악해서 신속하게 대응해야 한다.

- 민감성, 신속성, 반응성은 '좋은돌봄'의 중요한 실천원칙이다.

4. 돌봄 서비스 이용자의 독립성을 최대한 보장하며 사생활을 존중하는 존엄성 실천을 위해 노력해야 한다.

- 돌봄 서비스 이용자의 잔존능력을 최대화하여 독립성을 유지하도록 돕는다.
- 돌봄 서비스 이용자의 사생활을 존중하고 업무 과정에서 취득하게 된 개인정보는 철저히 비밀을 보장한다.

5. 돌봄 서비스 이용자와 적극 소통하며 이용자의 자기결정권을 최대한 존중한다.

- 돌봄 서비스 이용자의 의사 및 의향을 존중하면서 돌봄 욕구에 대해 충분히 소통해야 한다.
- 돌봄 서비스 이용자 및 가족과 돌봄 내용에 대해 의논하며 돌봄 내용을 함께 구성해나가야 한다.
- 돌봄 서비스 이용자의 상태 변화를 제공기관과 충분히 소통하여 이용자에게 최선의 적합한 서비스를 제공한다.
- 돌봄 서비스 이용자에게 돌봄 제공자의 방법을 강요하지 않는다.
- 돌봄 서비스 이용자의 개별적 상황을 고려하여 유연하게 반응해야 한다.
- 돌봄 서비스 이용자 요청으로 물품구입 및 은행업무 대행 시 물품 종류, 수량, 가격 등을 재확인해주며 영수증을 이용자에게 전달한다.
- 이용자 물건을 함부로 치우거나 버리지 않으며 쓰고 난 물건은 제자리에 두고 정리정돈을 한다.

6. 돌봄 전문인으로서 전문적 자아를 형성하여 돌봄 서비스 이용자와 심리적 거리를 두는 등 공적이고 전문적인 관계를 유지한다.

- 돌봄은 개인의 사적 공간에서 행해지는 업무이고 개인의 내밀한 부분을 다루며 재량적인 돌봄 업무 특성을 지니고 있기 때문에 사적 관계, 사적 업무로 변질되지 않도록 경계해야 한다.
- 돌봄 서비스 이용자 및 돌봄 제공자의 사적인 이야기를 무분별하게 하지 않도록 한다.
- 돌봄 관계는 공적이고, 공식적이며, 전문적인 관계를 유지해야 한다. 유사가족 관계로의 변질을 주의해야 한다.
- 상호존중을 위해 서로 반말은 삼가며 공적 언어를 사용해야 한다.
- 상호존중을 위해 공식 호칭을 사용해야 한다.
- 심리적 거리두기와는 거리가 먼 한국의 문화적 특성으로 인해 타인의 심리 공간 침해가 흔히 발생하는 점을 경계해야 한다.

7. 돌봄 서비스 이용자와 갈등이 발생했을 때 전문적 거리를 두고 판단정지 (에포케, Epoché)*를 유지하며 차분하게 대응한다.

- 돌봄 서비스 이용자와 갈등이 발생했을 시 전문적 거리두기를 통한 감정중지, 판단중지를 실천한다.
- 이용자의 의견을 차분히 경청한다.
- 감정을 앞세워 대응하지 않는다.

---

* 에포케는 그리스어로 '멈춤' 또는 '무엇인가를 하지 않고 그대로 둠'을 의미하는 말로 '판단정지'라는 뜻이다. 상대방을 공감하기 위한 전초적인 단계는 판단을 중지하는 것이다. (권수영, 2019).

- 가능한 근무지를 이탈하지 않고 돌봄 제공 책임을 완수한다.
- 상호 간에 갈등이 해결되지 않을 시 기관에 중재를 요청한다.

8. 돌봄 전문 직업인으로서의 품위를 유지한다.

- 돌봄 전문 직업인으로서 복장(의복, 신발)을 단정히 하고 몸을 청결히 한다. 업무시작 전 손을 씻고 근무복을 착용한 후 근무에 임한다.
- 감염예방 및 위생 관리를 철저히 한다.
- 서비스 시간을 준수하며 업무 내용에 맞추어 서비스를 제공한다. 부득이하게 시간을 변경해야 하는 경우 기관에 알리고 이용자(보호자)의 동의를 받는다.
- 근무 시 스마트폰 사용이나 외출 등 개인 활동을 하지 않는다.
- 적극적 배려와 공적 신뢰관계를 바탕으로 돌봄 관계에서 리더십을 확보한다.
- 언행의 품위를 유지한다.

9. 서비스 기관과 유기직으로 협력하여 돌봄 서비스 질을 제고하기 위해 적극 노력한다.

- 돌봄 서비스 이용자에 대한 보다 나은 대응을 위해 서비스 제공기관의 지원을 적극 활용한다.
- 돌봄 업무 내용과 돌봄 과정상의 특이점을 기관과 상세히 공유한다.
- 기관의 회의에 반드시 참석한다.
- 위기 응급상황 시 기관과 긴밀히 연락한다.
- 외부자원과의 연계 가능성을 염두에 두고 기관에 돌봄 업무에 필요한

사항을 요청한다.

10. 돌봄 전문 직업인으로서 좋은돌봄 역량 향상을 위해 지속적으로 노력한다.

- 전문적 지식과 경험을 쌓고 가치를 결합하여 실천하며 돌봄 노동에 대한 반성과 성찰을 통해 계속 성장한다.
- 전문적 지식과 기술을 연마하기 위한 교육 훈련에 지속적으로 적극 참여한다.
- 돌봄 서비스 질을 높이기 위해 서비스 제공기관 관리자, 동료들과 함께 돌봄 서비스 과정에 대해 정기적으로 점검하고 성찰한다.
- 돌봄 서비스 노동 수행과정에서 파악한 돌봄 정책 및 제도상의 문제점을 개선하기 위해 적극적으로 건의한다.

생생 돌봄 현장,
슬기 씨의 하루

2장

선배의 한마디

"사랑의 돌봄보다 존중의 돌봄으로,
몸은 가깝게 마음은 조금만 거리두기,
행복하게 일하고 유쾌하게 헤어지기."

- 이건복

우리 직원 김슬기 선생님입니다

두근두근, 돌봄 이용자와의 첫 만남

자, 지금부터 방문요양서비스를 처음 시작하는 요양보호사 슬기 씨를 따라가 보자. 돌봄 업무 첫날, 슬기 씨는 돌봄 이용자와의 첫 만남에 조금 설렌다. 다행히 첫날에는 기관 담당자가 함께 동행한다.

기관 담당자는 첫 방문 때 이용자와 보호자에게 요양보호사를 요양센터 직원으로 소개하는 것이 좋다. 기관에 대한 신뢰감이 요양보호사에게도 이어지기 때문이다. 호칭은 '요양보호사'로 부르도록 공식 요청하는 것이 필요하다. 정확한 호칭을 정해놓지 않으면 이후에 아줌마, 여사님, 아무개 엄마 등의 이름을 사용함으로써 공적 돌봄이라는 관계를 허물 수 있기 때문이다. 호칭은 돌봄 노동자와 이용

자의 정체성을 만들며 공적 돌봄과 사적 돌봄을 구분하게 해준다. 상대를 존중하는 호칭은 좋은돌봄을 만들어가는 첫 번째 관문이며 요양보호사 직업에 대한 자부심을 획득하는 길이다.

이용자에 대한 공식 호칭은 '어르신'이다. 공식 호칭이 곤란하거나 불편한 상황일 경우에는 함께 별칭을 정해가면 된다. 별칭을 정하는 것은 넉넉히 4주 과정으로 계획하는 게 좋다. 우선은 업무에 집중하면서 서로를 탐색하는 시간을 갖자. 이용자의 성향과 생활습관 등을 파악하면서 서비스에 대한 신뢰를 쌓아가다 보면 서로에 대한 호감이 생기면서 적당한 호칭을 정할 수 있게 된다. 기관 담당자가 첫 방문 때 이용자와 보호자에게 요양보호사 호칭이 '아줌마'가 아님을 명확히 안내해줄 때 이후에 별칭을 정할 수 있는 근거가 된다.

요양보호사와 이용자가 좋은 관계를 맺기 위해서는 기관 담당자의 역할이 매우 중요하다. 기관 담당자의 역량에 따라 돌봄 노동이 존중받는 업무환경이 만들어지기 때문이다. 돌봄 노동이 존중받아야 기관, 이용자, 보호자, 요양보호사 모두가 행복한 돌봄이 이루어질 수 있다.

기관 담당자는 첫 대면 자리에서 이용자에게 맞춘 세부적인 서비스 제공 범위를 안내하고, 이용자, 요양보호사, 장기요양기관 각각의 권리와 의무에 대한 가이드라인을 명확하게 알려줄 필요가 있다. 기관은 방문 전 요양보호사에게 이용자 상태에 따른 급여 제공계획 정보(신체 기능, 인지, 등급에 따른 돌봄, 가족관계 등)를 공유해야 한다.

서비스 제공 범위 안내

서비스 제공 범위는 이용자의 급여 제공계획에 따라 구체적으로 이야기해야 한다. 식사 준비, 청소와 정리, 목욕 방식, 운동 지원, 외출동행, 말벗, 이용자의 요구에 따른 기타 업무 등을 명확히 정리해서 안내한다. 서비스 이용 중에 이용자에게 긴급 상황이 발생하거나 신체, 생활환경이 달라져서 서비스 내용과 시간을 변경하고 싶을 때는 요양보호사나 기관 담당자에게 변경을 요청할 수 있다는 점도 빠뜨리지 말고 알린다.

요양보호사는 기관에서 어르신의 동의하에 작성한 급여 제공계획에 따라 서비스를 제공한다. 만일 어르신이 원하는 서비스와 급여 제공계획서상의 서비스가 맞지 않을 때는 임의대로 판단하여 제공하지 말고 기관에 보고하여 다시 급여 제공계획을 수립할 수 있도록 해야 한다.

요양보호사의 보고를 받았다면, 기관은 방문이나 전화 상담을 통해 어르신의 돌봄 욕구를 다시 파악하고 담당 요양보호사와 의논하도록 한다. 이렇게 수립한 급여 제공계획에 따라 서비스가 제공되는 절차를 거쳐야 한다.

업무 규칙 안내

기관 담당자는 이용자에게 요양등급에 적합한 돌봄 업무 범위를 안내하고, 요양보호사가 해당 업무 범위 내에서 일을 한다는 사실을 분명히 전할 필요가 있다. 정해진 서비스 범위를 벗어난 일을 요구할 때 요양보호사가 거부할 수 있음도 함께 안내한다.

기관 담당자는 보호자와 요양보호사가 이용자 돌봄에 함께 협력할 것을 안내해야 한다. 특히 노인부부 가족일 경우 이용자 한 사람의 돌봄 업무만 할 수 있다는 것을 안내한다. 가족이 있는 경우에도 이용자 돌봄 외에 가족의 가사는 포함하지 않는다는 것을 명확히 전달해야 한다. 출퇴근 시간은 이용자와 기관, 요양보호사가 협의한 시간으로 정한다.

정해진 업무 내용을 토대로 어떤 업무를 먼저 하고 어떤 업무에 더 많은 시간을 필요로 하는지에 대한 세세한 규칙은 업무계획을 정하는 과정에서 함께할 수 있다. 업무계획을 정하는 과정을 통해 요양보호사는 주도적 서비스를 할 수 있고, 이용자는 규칙에 따른 안정감을 갖는다. 업무 규칙이 자리를 잡을 때 상호 신뢰가 높아지며 민주적 방법으로 조절해 나갈 수 있는 분위기가 형성된다.

상호권리와 의무 가이드라인

기관 담당자는 이용자와 보호자, 요양보호사, 장기요양기관의 상호권리와 의무 가이드라인에 대해 소리 내어 함께 읽고 내용을 확인한다. 권리가 어떤 것이고 의무는 어떤 것인지 인지했음을 확인한 후 서로 잘 지킬 것을 약속하고 각각 서명을 받는다. 3부를 준비하여 이용자, 요양보호사, 기관이 한 부씩 보관한다.

　서비스 제공 업무와 가이드라인을 설명하고 서명을 받는 일은 업무의 첫 단추를 여미는 매우 중요한 과정이다. 돌봄 업무는 이용자의 집에서 제공되기 때문에 공적 업무와 사적 업무의 구분이 애매하여 무엇이든 요구할 수 있는 것으로 이해하기 쉽다. 상호권리와 의무에 대한 합의는 상호규칙으로 자리 잡으면서 앞으로 일어날 수 있는 갈등과 충돌을 사전에 예방할 수 있다.

장기요양서비스 상호 협력 동의서[*]

이 동의서는 이용자와 요양보호사 상호 간의 권리와 의무를 명시하여 인격 존중과 신뢰 구축을 바탕으로 한 원활한 장기요양서비스 이용을 위해 만들어졌습니다.

1. 이용자의 권리와 의무

1) 이용자는 장기요양서비스를 이용함에 있어서 본인의 권리를 이해하고 행사하여야 합니다.

   • 이용자는 제공기관과 요양보호사를 선택할 수 있습니다.

   • 이용자는 제공기관과의 협의 하에 작성한 장기요양서비스 제공계획서의 범위 안에서 서비스의 구체적인 내용을 요청할 수 있습니다.

   • 이용자는 장기요양서비스를 이용함에 있어 본인의 인권을 침해당하지 않고 보호받을 권리가 있습니다.

2) 이용자는 장기요양서비스를 이용함에 있어서 본인의 의무를 준수해야 합니다.

   • 장기요양서비스는 이용자 본인에 대한 서비스에 한정하며, 이용자가 아닌 가족의 빨래, 대청소 등의 서비스는 제공하지 않습니다.

   • 이용자는 서면 또는 구두로 협의되지 않은 서비스를 요양보호사에게 요구해서는 안 됩니다.

   • 이용자는 요양보호사의 인격을 최대한 존중하고, 상대방의 신뢰관계를 저해할 수 있는 언행이나 불필요한 신체접촉은 삼가야 하고, 이

---

[*] 현재 노인장기요양보험법에서 별도로 정하고 있는 서식은 없다. 위 동의서는 일부 기관에서 사용되고 있는 양식으로 하나의 예시이다. 좋은돌봄 서비스를 위해 상호권리와 의무에 대한 동의서가 공식화될 필요가 있다.

로 인한 위법한 행위가 있을 시 서비스 중지 및 관련 법률에 의거, 민
형사상 처벌을 받을 수 있습니다.

- 이용자의 자격이나 돌봄 욕구에 영향을 주는 어떠한 변화(이사, 소득,
급여 자격, 서비스 관리능력 등)가 발생하면 빠른 시일 내에 담당자에게
알려주십시오.

2. 요양보호사의 권리와 의무

1) 요양보호사는 장기요양서비스를 제공함에 있어서 본인의 권리를 이해
하고 행사하여야 합니다.

- 요양보호사는 이용자가 서면 또는 구두로 협의되지 않은 서비스를
무리하게 요구하는 경우 이를 거부할 수 있습니다.
- 요양보호사는 제공기관으로부터 인권 침해를 당하지 않도록 보호받
을 권리가 있습니다.

2) 요양보호사는 장기요양서비스를 제공함에 있어서 본인의 의무를 준
수해야 합니다.

- 요양보호사는 이용자의 선택과 자율적인 판단을 존중하고, 이용자
가 직면한 상황과 특성을 최대한 이해하여 상호협조하에 바람직한
서비스 제공이 이루어지도록 노력하여야 합니다.

작성일자 :   년   월   일

서비스이용자	보호자	요양보호사	서비스 제공기관
(서명)	(서명)	(서명)	(서명)

안녕하세요, 김슬기입니다

좋은돌봄을 위한 관계 맺기에 있어 첫 단추가 기관의 소개였다면 다음 단추를 이어가는 것은 요양보호사의 첫인사다. 돌봄 업무 첫 대면에서의 인사는 좋은돌봄 전문 직업인으로서의 이미지를 만드는 데 중요힌 비중을 치지한디. 소통 방식에서 언어가 차지하는 비율은 7% 정도이며 나머지는 표정, 목소리 톤, 몸짓 등의 비언어로 이루어 진다는 연구결과를 참고할 필요가 있다.

첫인사뿐 아니라 출근과 퇴근 인사, 그 외 틈틈이 건네는 안부 인사에서 존중받는 느낌이 충분히 전달되도록 해야 한다. 이는 상호 신뢰 관계 형성에 큰 도움이 된다.

첫인사

서비스 이용자와 요양보호사가 첫 대면을 할 때는 누구에게나 상대방에 대한 긴장감이 있다. 요양보호사는 이용자가 긴장을 풀 수 있도록 상대의 눈높이에 시선을 맞추고 부드러운 안색을 유지할 필요가 있다. 목소리가 너무 높으면 경쾌함은 있으나 신뢰가 떨어지고, 너무 낮은 음색은 권위적으로 느껴져 친밀감 형성에 도움이 되지 않는다. 긴장감으로 안면과 몸이 경직되어있으면 말을 할 때 친절함의 메시지가 전달되기 어렵다.

부드럽고 겸손하게 내가 누구인가를 확실하게 밝히는 태도는 상대에게 믿음과 안정감을 줄 수 있으며 전문 직업인으로서의 당당함을 표현하는 것이다. 이는 일방적으로 끌려가지 않는 상호관계의 바탕이 된다.

★★★ 바로 실전 ★★★

"안녕하세요. 요양보호사 김슬기입니다. 저를 부르실 때 이름을 불러주시면 좋을 것 같습니다. 어르신 호칭은 어떻게 하면 좋으신지요? 만일 불편하시면 차차 별칭을 만들어갈까요?"

"안녕하세요. ○○님. 저는 요양보호사 김슬기입니다. 뵙게 되어 반갑습니다. 처음이라 어색하시지요? 잘하도록 노력하겠습니다. 금방 친해질 거예요."

출근 인사

친밀한 관계가 만들어졌어도 출근 인사는 반드시 해야 한다. 출근 인사를 상대 눈높이보다 높은 위치에서 하면 내려다보는 느낌을 줄 수 있다. 침대와 의자 등 이용자의 상태에 맞게 자세를 낮춘다.

상대의 눈을 들여다보며 손을 잡거나 옷매무새를 만지면서 대화를 나눈다. 지난밤에 잠을 잘 잤는지, 현재 몸 상태가 어떤지, 우울감이 있는지, 식사와 관련된 정보 등을 물어볼 수 있다. 어르신이 하는 대답을 허투루 넘겨버리지 않고 주의 깊게 들어두었다가 업무에 반영한다. 인사시간은 1~2분을 넘기지 않는다.

오늘 할 일에 대한 이야기를 나누는 것도 필요하다. 계획에 따른 업무수행 결정은 하루의 업무 컨디션을 좌우한다. '오늘의 할 일'을 함께 결정하면 돌봄 이용자와 제공자 모두 돌봄의 주체가 되는 느낌이 들어 자존감이 높아진다. '오늘의 할 일'이 무엇인지 알게 된 이용자는 안정감을 느끼고 마음이 편안해지며, 요양보호사는 정해진 대로 업무 수행을 할 수 있어 좋다. 또한 돌발적인 업무 요구가 발생하는 것을 사전에 예방할 수 있어 업무 갈등을 줄일 수 있다.

★★★ 바로 실전 ★★★

"안녕하세요. 어르신. 김슬기 왔습니다. 손 먼저 씻고 들어갈게요."

"어제 잘 주무셨어요? 저 출근 태그 먼저 찍을게요."

안색을 살피는 인사

현관문을 들어서면서 어르신이 계신 방 쪽을 향해 "저 왔어요."
말만 하고 주방으로 향하는 것은 제대로 된 인사가 아니다. 돌봄 서
비스는 몸을 돌보고 마음을 토닥이고 건강을 살피는 일이다. 업무 틈
틈이 안부 인사를 하는 게 필요하다. 복약, 통증, 입맛, 불면, 정서 등
을 파악할 수 있도록 지나치듯이 안부를 묻는다. 정색을 하고 질문
하면 심각하게 받아들여 불안감을 가질 수 있으니 가볍게 묻고 진지
하게 반영한다.

★★★ 바로 실전 ★★★

"어제 잘 주무셨어요? 기분이 좋아 보이세요."

"어제 저녁 약도 잘 드셨네요. 잘하셨어요. 저녁 약을 거르지 않고 잘 드
시면 조금씩 좋아질 거예요."

"아, 이 블라우스, 사진에 있던 옷이구나. 오늘 이거 입으면 어떠세요? 어
르신에게 너무 잘 어울려요."

함께 만들어서 더 맛있는 밥상

식사 도움과 영양 관리

본격적으로 슬기 씨가 돌봄 서비스를 시작할 시간이다. 일반적으로 매일하는 첫 번째 업무는 식사 준비다. 식사 준비는 생각보다할 일이 많고 이용자의 상태와 마음을 살펴야 가능한 업무다. 기저질환, 씹기 능력, 소화능력을 생각하면서 5가지 영양소가 골고루 포함된 음식을 준비해야 하는데 이용자의 몸 상태와 입맛에 따라 변화를 주면 좋다.

관계가 가까워지면 색다른 음식이나 예전에 먹던 음식을 이용자가 원할 때도 있는데, 이럴 때는 만드는 방법을 질문하면서 이용자를 식사 준비에 동참하게 하는 것이 좋다. 이용자와 함께 만든 밥상은 반찬거부(반찬이 입에 맞지 않다고 거부하는 일)가 줄어들고 더 맛있는 음식을 만들고 싶은 의욕이 생기게 한다. 가족의 밥상을 맛있게 만들어왔던 자신을 추억하기도 하고 자랑도 하며 자신이 아직도 필요한 사람이라는 효능감을 가지게 할 수 있다. 요양보호사와 이용자가 함께 만들어가는 돌봄이 이루어지는 것이다.

★★★ 바로 실전 ★★★

"오늘 국에는 소고기하고 북어 채 중에 어떤 걸 넣을까요? 여기 식탁에 앉아서 끓이는 방법을 가르쳐주세요."

"역시 어르신이 알려주시는 뭇국은 정말 맛있어요. 저도 오늘 저녁에 집에서 뭇국을 끓여봐야겠어요. 식구들이 좋아할 것 같아요. 내일 생선 조림할 때도 가르쳐주세요."

 꿀팁 한 스푼

때로는 홀몸 어르신이 밥을 같이 먹기를 원하기도 한다. 이는 외로움의 표현일 경우가 많다. 일방적 거절은 상대에게 상처를 줄 수 있으니 방법을 찾는 것이 서로에게 도움이 된다. 여러 가지 방법 중 요양보호사가 도시락을 지참하면 서로에게 부담이 적다.

반대로 이용자가 적극 권하지 않을 때는 함께 밥을 먹는 것을 삼가는 것이 좋다. 요양보호사가 이용자의 동의 없이 식사를 하는 것은 이후 민원 발생의 원인이 될 수 있다. 식사는 주의가 필요한 부분이며 상황에 따라 대응해야 한다.

✧

라면으로 끼니를 때우는 어르신이 걱정입니다

✧

79세 남자 서○○ 어르신은 혼자 산다. 아들은 다른 곳에 거주하며 생활비를 지원해주고 있다. 초기 치매와 고혈압, 우울증이 있고, 관절이 약해져 거동이 불편한 상황이다.

슬기 씨가 어르신 댁을 처음 방문했을 때 어르신은 너무 마른 체형이었고, 언제 옷을 갈아입었는지 모를 상태의 의복을 입고 있었다. 집안은 전체적으로 정리가 되지 않았고 냄새가 심했다. 오래전부터 혼자 사셨다는데 주방용품이나 생활 집기 등 생필품이 거의 없다.

너무 기운이 없어 보이는 어르신에게 "식사는 어떻게 드셨어요?" 하니까 "라면죽 먹었지."한다. 하루에 한 번 밥을 지어 라면에 밥을 넣은 라면죽을 드셨다고 한다. 반찬도 거의 없고 입맛도 없으니 라면 국물로 대신한 것이다. 이러다 쓰러질까 걱정이다.

슬기 씨의 돌봄 계획

1. 식단 계획 세우기, 장보기, 음식 만들기에 어르신을 참여하도록 하

여 일상생활 능력을 향상시키고 우울감을 경감시킨다.
2. 어르신의 고혈압과 치아 상태, 입맛 등을 고려하여 식단 계획을 세운다.
- 영양 균형을 위해 6가지 식품군을 고려한다. 특히 식사마다 단백질과 섬유질이 풍부한 나물을 섭취하도록 한다.
- 음식은 짜거나 자극적이지 않게, 부드럽게 조리한다.
- 수분을 충분히 섭취하도록 한다.
3. 어르신이 혼자서도 식사를 할 수 있도록 준비하고, 식사를 잘했는지 점검한다.
4. 아들과 연락하여 상황을 공유하고 협력을 요청한다.

슬기 씨의 돌봄 목표는 어르신이 1일 3회 반찬 있는 식사를 해서 건강을 지킬 수 있도록 하고 주방 상태를 개선하여 청결하고 안전한 환경을 만드는 것이다. 우선 어르신께 드시고 싶은 음식을 여쭤보니 된장찌개와 나물이라고 한다. 현재 가지고 계신 생활비를 고려하여 이틀 동안 드실 식단을 의논했다. 초기 치매이지만 식사를 준비해놓으면 알아서 드시겠다고 약속했다.

첫째 날은 점심으로 된장찌개와 콩나물 제육볶음 오이무침, 저녁은 시금치국 두부조림 배추겉절이, 간식으로 요플레 1개, 다음 날 아침은 콩나물국 배추겉절이 계란말이 김, 점심은 돼지고기 김치찌개 시금치나물, 저녁은 배추된장국 연두부 오이무침, 간식으로 두유 1개 사과 1개를 식단으로 정했다. 의논한 음식을 만들기 위해 음식 재료를 구매할 의사가 있는지 확인하고 어르신과 함께 마트에 장을 보러 갔다. 오랜만에 외출한 어르신은 찬거리를 사는 동안 관심을 갖고 물건을 고른다. 음식을 만들 때는 어르신도 함께 거들 수 있도록 파와 시금치를 다듬어 달라고 부탁했다. 조리한 음식을 작은 그릇에 나누어 담아 끼니별로 냉장고에 구분하여 넣어놓았다. 냉장고 문에 이틀치 식단을 크게 써서 붙여놓고 잘 드시도록 설명했다.

다음 방문 날은 아들에게 연락하여 어르신의 상황을 설명하고, 필요한 생필품과 반찬거리를 구입할 수 있도록 지원받았다.

슬기 씨는 규칙적으로 반찬을 챙겨서 식사하시도록 격려했다. 식사지원은 무엇보다 격려가 중요하다. 한 달이 지나자 어르신은 주말에도 라면으로 때우지 않고 반찬을 챙겨 식사하게 되었다.

"반찬 있는 밥을 먹으니 다리도 덜 아프고 기운이 나. 기분도 좋고."

어르신은 슬기 씨에게 고마워하며 싱긋 웃었다.

슬기 씨는 어르신이 복지관이나 경로당에 나가 이웃들과 즐거운 노년을 보낼 수 있는 체력을 만들어갈 것을 다음 목표로 삼았다.

변비 관리

어르신들은 젊은 사람보다 변비로 고생하는 경우가 많다. 식사량이 적고 물의 섭취가 부족한데다 활동과 운동도 적기 때문이다. 치아 문제로 섬유질이 풍부한 음식보다는 부드러운 음식을 선호하는 점도 변비가 흔하게 발생하는 원인이다. 요실금이나 배뇨장애가 있는 경우 소변보는 것이 두려워 물을 되도록 마시지 않아 변비의 원인이 되기도 한다.

스스로 변을 해결하지 못하는 어르신은 배설 욕구를 잘 표현하지 않는 경우가 많으니 어르신의 상태를 잘 살펴야 한다. 배설을 도울 때 어르신이 창피해하거나 불안해하지 않도록 정서적으로 지지하는 것도 중요하다. 움직임이 불편한 어르신을 화장실로 이동할 경우에는 낙상의 위험을 항상 염두에 두어야 한다.

[**나의 돌봄 현장 적용하기**]

• 내가 돌보는 어르신의 배변 상태를 잘 관찰하고 변비 증상이 있을 경우 어르신에 맞는 변비 완화 계획을 세워봅니다.

• 배변을 돕는 것은 건강을 살피는 일이라는 것을 기억합니다. 또한 배변 도움은 감사함도 있지만 수치감을 느낄 수 있으니 마음을 먼저 살피도록 노력합니다.

∘∘∘ **현장 속으로** ∘∘∘

✧

변비가 해결되자 표정이 좋아지셨어요

✧

이○○ 어르신은 89세 여자 어르신으로 4등급이다. 결혼하지 않은 아들과 사는데 골다공증, 관절염, 우울증, 시각장애, 요실금, 당뇨, 변비로 고생하고 있다. 하체 저림 증세로 잠을 제대로 자지 못하여 수

면제를 복용한다. 감정 기복이 심하고 부정적인 생각과 짜증이 많다.

슬기 씨가 처음 방문했을 때는 5일간 배변을 못하여 혈변을 본 상황

이었다. 슬기 씨는 혈변의 원인을 알기 위해 기관에 보고하고 병원에

가서 치료를 받도록 했다. 변비로 인한 항문의 출혈이었다.

슬기 씨는 관장을 해달라는 어르신에게 관장은 요양보호사가 할 수 없

는 일이라고 설명하고 어르신의 변비를 해결하기 위한 계획을 세웠다.

슬기 씨의 주요 돌봄 계획

1. 혈변과 변비의 원인을 파악한다.
2. 물의 섭취량과 식이섬유가 많은 음식의 섭취량을 늘린다.
3. 앉아서 할 수 있는 상체 운동으로 만세, 팔 옆으로 돌리기 등을 한다.
4. 매일 장 마사지를 한다.(원을 그리듯이 시계 방향으로 쓸어준다.)
5. 배를 따뜻하게 한다.
6. 상태변화 기록지에 배변 상황을 잘 기록한다.(배변 일시, 배변 시 힘
   든 점, 변실금 여부 등)

또한 하체 저림 증세를 완화하기 위해 마사지 기구를 사용해 종아리

근육을 이완하고, 관절구축 예방 운동과 하체관절 운동, 발마사지 등

을 병행하였다.

2주 정도 노력하자 혈변 증상 없이 주2~3회 편하게 배변하게 되었

다. 변비증세가 완화되면서 식사량도 늘고 운동하는 시간과 횟수도

증가했다. 하체 저림 증상도 많이 좋아져 밤에 편하게 주무시게 되자

어르신의 안색도 밝아지고 정서적으로도 많이 안정되었다.

복약 관리

돌봄이 필요한 어르신들은 대부분 한두 가지 이상의 질병을 앓고 있어 복약 관리가 반드시 필요하다. 유효기한이 지난 약이 있다면 어르신과 함께 확인하여 폐기하고, 매일 복용해야 하는 약과 따로 구입한 비상용 약을 정리하고 관리해야 한다.

--- ∘∘∘ 현장 속으로 ∘∘∘ ---

✧

약을 보따리로 갖고 계신 어르신의 복약 관리

✧

유○○ 어르신은 78세 여자 어르신으로 3등급이다. 결혼하지 않고 평생 혼자 사셨고 가까운 친인척은 언니와 조카들이 있다. 오래전부터 앓아온 관절염으로 일어서기 어려워 집안에서 이동할 때는 앉아서 하고, 외출 시에는 전동휠체어를 이용한다. 관절염, 고혈압, 당뇨, 고지혈증 등 만성질환이 있고 평소 두통과 소화불량이 자주 있다. 슬기 씨가 어르신 댁을 처음 방문했을 때 거동이 불편한 것에 비해 집안은 깨끗하고 정돈되어있었다. 점심 식사 후 드실 약을 찾았는데 대학병원에서 받은 약이 비닐봉투가 가득 차도록 많았다. 만성질

환으로 오랫동안 고생하는 어르신이라 약이 많을 것이라 예상했지만 2년 전 다른 병원에서 받아 온 약도 거의 2~3개월치가 그대로 있었다. 약국에서 구입한 파스, 위장약, 두통약, 연고 등도 여기저기 있었다. 냉장고에는 건강기능 식품도 여러 가지가 있고, 유효기간이 지난 약도 많았다. 왜 이렇게 약이 많냐고 여쭈어보니 요즘 약 드시는 것을 깜박 잊는 경우가 많고, 그외 약들은 외출했을 때마다 사다 놓은 게 쌓인 것이라고 한다.

슬기 씨는 어르신이 병원 처방 약은 잊지 않고 드시고, 다른 약들은 임의로 드시지 않도록 복약관리 계획을 세웠다.

슬기 씨의 주요 돌봄 계획

1. 유효기간이 지난 약은 어르신과 확인하고 버린다.(동네 약국으로 가져가서 폐기)
2. 매일 복용할 병원 처방약(포장된 약)은 작은 플라스틱 통이나 상자에 크게 '아침약','점심약','저녁약'으로 써놓고, 1개씩 꺼내 드실 수 있게 1주일분을 가지런히 정리해 놓는다.(낱개 알약이 있을 경우 시중에 파는 약 보관통을 구입하여 사용한다.)
3. 시간을 잊지 않도록 어르신 휴대폰에 '복약알리미' 앱을 설치하여 사용법을 알려드린다.
4. 매입 약은 위장약, 두통약, 파스류, 연고류, 기타 반창고 등으로 구분하여 정리한다.
5. 어르신 스스로 복약관리를 할 수 있도록 식품의약품안전처 한국의약품안전관리원에서 발행한 '어르신 건강지킴이 복약수첩'을 어르신과 함께 읽어보고 기록한다.
6. 기록한 약품들은 다음 병원 진료 시 의사 선생님께 보여 드려 약물남용으로 인한 부작용을 예방한다.
7. 약 처방전은 클리어 파일에 보관하여 어르신 복약 변화를 관리한다.

함께 약 정리를 마친 어르신은 "버린 약이 정말 많네. 약국에서 약을 자꾸 사면 안 되겠어. 아침, 점심, 저녁으로 한 포씩 집어서 먹으면 되겠네. 잊지 않고 먹을게."라고 말씀하셨다.

슬기 씨는 〈여러 가지 약을 드시는 어르신 의약품 안전사용 안내〉[18] 리플릿을 출력하여 어르신께 알려드리고 냉장고에 붙여놓았다.

건강하고 안전한 환경으로

청소와 정리정돈

청소는 어르신이 생활하는 공간을 중심으로 한다. 기관과 함께 협의한 청소 범위와 구역을 확인하고 그에 맞게 청소와 정리정돈을 한다. 어르신이 물건을 찾아다니는 일이 없도록 주의해야 한다.

청소 상태가 좋지 않은 곳은 한번 손대면 멈추기가 힘들다. 냉장고에 상한 물건이 많거나 주방 수납장 등에 개미나 바퀴벌레 등의 흔적이 있을 경우, 혹은 방에 발을 들여놓기 어려울 정도로 물건이 가득 채워진 경우에는 더욱 그렇다. 한꺼번에 하려고 애쓰지 말고 매일 30분 미만으로 시간을 정하고 3~4주간 청소 계획을 세워 진행하는 '업무 쪼개기'를 해야 한다. 업무 쪼개기는 업무 파악이 끝난 다음에 진행하도록 하자. 만일 혼자서 할 수 없는 정도의 상태라면 기관이나 지역사회의 도움을 받을 수 있다.

◦ ◦ ◦ 현장 속으로 ◦ ◦ ◦

✧

지역사회 협력으로 어르신의 생활환경이 달라졌어요

✧

87세 여자 박○○ 어르신은 기초생활수급자이며 자녀 없이 지인과 10년째 함께 생활하고 있다. 어르신은 뇌경색으로 거동이 불편하고 인지기능 저하이다. 함께 사는 어르신은 95세로 인지장애, 당뇨, 요실금으로 일상생활이 어려운 상황이라 주민센터에서 장기요양신청을 하였으나 기초생활수급자인 박○○ 어르신만 서비스 대상자로 선정이 되었다.

초기 상담 시 구청 관리자, 기관 사회복지사와 요양보호사 슬기 씨가 동행했다. 지층으로 내려가는 계단에서부터 몹시 심한 배뇨 냄새가 났으며, 부러진 빨래건조대에는 제대로 세탁이 안 된 누런 속옷이 몇 개 걸쳐져 있었다.

집으로 들어가기 전에 이웃 주민 세 명이 큰소리로 "이사 온 지 한 달밖에 안 되었는데 배뇨 냄새가 온 동네에 진동해요.", "새벽 2시에 두 어르신이 밖에서 배회해서 경찰서에 두 번이나 신고했어요. 이런 노인들은 시설에 모셔야 돼요." 하며 불편함을 드러냈다. 또 보일러실에 박스 짐이 가득하여 보일러실을 이용할 수 없으니 빨리 치워달라는 요청도 있었다.

현관 앞 계단 왼쪽에 연결되지 않은 세탁기와 짐들이 어지럽게 쌓여 있고, 거실과 방에도 발 디딜 틈 없이 정리되지 않은 물건들이 가득했다.

어르신과 지인 두 분 다 인지장애로 시간, 날짜, 경제적 개념이 없었으며, 머리카락이 길고 오랫동안 감은 흔적이 없었다. TV는 연결되지 않았고 세탁기도 설치되지 않은 채 현관 밖에 있었다.

슬기 씨는 두 분 어르신에게 안전한 생활과 지속적인 돌봄이 제공되도록 구청 관리자, 기관 사회복지사와 함께 계획을 세웠다.

슬기 씨의 주요 돌봄 계획

1. 많은 짐은 사용 여부에 따라 정리정돈하여 주변 환경을 깨끗하게 한다.
2. 지역 자원과 연계하여 세탁기를 설치하고 옷과 이불을 세탁하여 위생 관리에 신경을 쓴다.
3. 장기요양등급 재신청으로 돌봄 시간을 확보한다.

구청에서는 민원이 제기된 쓰레기 더미를 폐기하고 방 안에 있던 낡은 5단 서랍장과 쓰레기 배출도 도왔다. 지역자활센터와 연계하여 현관 밖에 있는 세탁기를 이동하여 화장실에 설치하고 어르신들의 의복과 이불을 빨았다. 그것만으로도 집안의 배뇨 냄새와 위생 상태가 한결 좋아졌다.

라면을 끓이다 냄비가 타고 연기가 났다는 이웃 주민의 민원이 있었다. 주민센터 담당 직원에게 부탁하여 어르신 댁 가스타이머를 10분 단축하고 무선주전자 후원을 요청하여 주말에는 가능한 가스를 쓰지 않고 안전하게 지낼 수 있도록 하였다. 또한 공과금이 연체되지 않도록 자동이체 신청을 했다.

어르신의 지속적인 돌봄을 위해 우선 서비스 시간을 36시간으로 확대 신청하고, 지인분의 장기요양등급 신청을 위해 한 달간 상태 변화를 세심하게 기록했다. 3개월 만에 두 분 모두 요양 4등급으로 판정받아 주5일 방문요양 서비스를 제공하게 되었다.

두 분 어르신은 식사와 복약관리, 운동, 목욕 지원으로 몰라보게 건강이 좋아졌다. 낮에 산책도 하고 TV 시청도 하면서 낮잠 자는 시간이 줄어들자 밤에 배회하는 일도 없어졌다. 자연스럽게 이웃의 불만도 사라지고 동네주민으로 정착할 수 있게 되었다.

슬기 씨는 두 분 어르신을 처음 만났을 때 너무 막막했었다. 다행히 기관과 구청, 동 주민센터, 지역자활센터 등 지역자원과 협력하여 깨끗하고 안전한 주거환경으로 개선하는 과정을 경험할 수 있었다. 아이를 키우는 데는 온 마을이 필요하다고 하는데, 아이만이 아니라 어르신들도 온 동네가 함께 돌보는 것이 필요하다.

개운하게, 마음은 더 개운하게

목욕과 세탁

방문요양은 모든 업무가 사적인 영역 안에서 이루어지지만 특히 목욕은 내밀한 영역이라 이용사의 마음을 세심하게 배려해야 한다. 목욕을 준비하는 과정부터 마무리하는 순간까지 어르신이 수치심을 느끼지 않도록 주의한다.

장기요양 초기에는 1등급 이용자가 많다 보니 침상목욕이 많았는데 지금은 침상목욕이 많지는 않다. 편마비 이용자와 침상목욕은 2인이 함께하는 것이 이용자와 요양보호사의 안전을 위해 좋다. 기관에서 급여 제공계획을 세울 때 침상목욕이 있다면 반드시 2인 목욕이 포함되도록 요구해야 한다. 편마비 이용자 목욕은 목욕탕까지 이동하는 것이 가장 힘들다. 손잡이 달린 보행벨트와 침상이동에 필요한 슬라이딩 보드가 있으면 도움이 된다. 침상목욕은 1주에 1회 정도하고, 다른 날은 세수하는 시간에 물수건을 사용해서 닦도록 한다.

변실금으로 매일 목욕을 원하는 이용자도 있다. 그러나 변실금은 양변기에 앉은 상태에서 하는 부분 목욕으로 청결을 유지할 수 있으니 이용자와 잘 협의하는 것이 필요하다.

와상 이용자일 경우 목욕하는 날 시트를 갈아주면 좋다. 아무래도 목욕하는 날 세탁물이 가장 많이 나오니 세탁도 함께하도록 계획을 세운다. 긴급 상황을 제외하고는 목욕을 매주 몇 회 할지 어떤 요일에 할지 미리 정해놓도록 한다.

 꿀팁 한 스푼

- 옷을 벗거나 씻을 때, 수건으로 몸을 덮어준 상태에서 한쪽씩 씻고 다시 덮어주는 배려가 필요해요.
- 요양보호사의 손이 이용자의 몸에 닿기 전에 미리 이야기해주어야 불안하지 않아요.

★★★ 바로 실전 ★★★

"팔이 끝났으니까 다음은 등에 비누칠을 할게요."

"물이 너무 뜨겁지는 않으세요?"

[나의 돌봄 현장 적용하기]

　나와 동료들이 어르신을 돌보는 과정에서 혹시 어르신의 인권이 지켜지지 않은 경우는 없었는지 생각해봅니다.

─── ◦◦◦ 현장 속으로 ◦◦◦ ───

목욕 지원 시 어르신의 인권을 지켜드리려 노력해요

　박○○ 어르신은 66세 2등급 여자 어르신이다. 뇌병변과 파킨슨병을 앓고 있어 말이 어눌하고 자신감 없이 겨우 대답만 한다. 걷기도 힘들어 부축해야 조금씩 발을 옮길 수 있다. 강원도 원주가 집인데 아들 집에 요양차 와서 적응하지 못하고 있다. 남편과 딸 이야기만 나오면 눈물을 보이며 슬퍼한다.

　목욕 지원이 있는 날, 목욕탕이 좁고 불편해서 소파에서 옷을 벗고 목욕탕에 들어가자고 하니 어르신이 몹시 당황하면서 얼굴을 붉히고 목욕하기 싫다고 하셨다.

　슬기 씨는 아차 싶었다. "욕실로 가서 목욕 준비를 하겠습니다."라고 말씀드리자 그제야 얼굴이 풀어지고 고개를 끄덕였다.

　슬기 씨의 주요 돌봄 계획

1. 어르신의 자존감을 지킬 수 있는 공간에서 목욕 준비를 한다.
2. 이동 시 낙상 예방을 위해 안전하게 이동한다.
3. 목욕 과정 시 스스로 할 수 있도록 격려하고 가능한 노출을 적게 한다.

4. 목욕 도움을 하면서 전신 상태를 관찰하고 등 마사지로 혈액순환을 촉진한다.
5. 정서적으로 공감할 수 있는 대화를 나누고 지지한다.

슬기 씨는 낙상이 발생하지 않도록 바지 허리춤을 붙잡고 미끄럼방지 양말을 신은 상태로 안전하게 이동하여 어르신을 목욕의자에 앉힌 후 옷을 벗도록 도왔다. 상의를 벗으면 수건으로 어깨를 덮고, 하의를 벗으면 다리에도 수건을 덮었다.

큰 대야에 따뜻한 물을 받아 발을 담그고 어르신이 씻을 수 있는 부위는 직접 씻도록 도왔다. 족욕을 하면서 샤워기로 머리부터 천천히 목욕을 해주고 몸에 상처나 다른 불편함은 없는지 살피면서 등 마사지를 했다.

보습제를 꼼꼼히 바르고 머리를 정돈한 후 거울을 보여주자 "개운하네! 고마워!" 하며 웃었다. 욕실에서 옷을 입은 후 다시 안전하게 부축하여 침상으로 이동했다.

슬기 씨는 안전도 중요하지만 어르신의 인권과 자존감을 먼저 생각하고 목욕지원 계획을 세심하게 세워야 한다는 점을 알게 되었다. 돌봄에서 가장 중요한 것은 마음을 돌보는 것이다. 편리함을 우선하여 인권을 무시하지 않도록 예민하게 살펴야겠다.

손발톱 정리

손발톱 정리는 목욕 후에 하는 것이 유리하다. 발톱에 무좀이 있는 경우 반드시 교육을 받고 진행해야 한다. 전용 발톱 깎기를 사용해야 하는데 이를 모르는 경우가 많다. 특히 당뇨가 있는 경우는 교육이 절대적으로 필요하다. 조심하지 않으면 발에 큰 문제가 생길 수 있다는 점을 잊지 말자.

삶에 활력을 주는 바깥 공기

개인 활동(외출)

혼자 외출하기 어려운 어르신을 모시고 동행하는 활동은 어르신들에게 꼭 필요하고 중요한 일을 도와드려 불편 없이 생활할 수 있게 해주는 돌봄 서비스다. 어르신의 외출 동행은 병원에 가거나 은행이나 시장에 가는 경우가 대부분이다.

병원 가는 날, 은행가는 날, 시장가는 날, 주민자치센터 방문 등의 날짜를 미리 확인하여 서비스 계획을 세운다. 이동 수단과 방법 또한 사전에 점검해두고 안전하게 다녀올 수 있도록 만반의 준비를 한다.

어르신 병원 다녀오는 날, 안전이 최우선입니다

이○○ 어르신은 87세로 낡은 연립주택 3층에 혼자 산다. 시력과 청력, 허리와 무릎 관절이 좋지 않아 걸음 걷기가 불편한 4등급 어르신이다. 어르신은 한의원에 물리치료, 당뇨, 고혈압 약을 처방받는 내과 등 주 3회 병원에 다닌다. 오늘은 무좀 발톱 치료 때문에 피부과에 가는 날이다.

슬기 씨는 어르신을 병원에 모시고 외출할 계획을 세우고 동선을 미리 생각해보았다.

슬기 씨의 주요 돌봄 계획

1. 어르신 상태 파악하여 의사에게 전달하기
2. 보행 보조차 점검하기
3. 안전하게 어르신 이동하기
4. 어르신 이동과 부축 시 근골격계 질환 예방하기

3층에서 내려올 때 어르신은 계단 난간을 잡고 슬기 씨는 바로 옆에서 반대편 어깨를 단단히 부축하여 한 계단씩 천천히 내려오도록 했다. 이동수단은 보행 보조차를 사용한다. 아기용 유모차와 비슷하지만 힘들 때 잠깐 앉아 쉴 수도 있고 수납공간도 있다. 어르신이 보행 보조차에 의지하면서 걸어가고 슬기 씨는 어르신 곁에 바짝 붙어서 가야 한다. 집에서 먼 거리는 아니지만 빠르게 이동하는 자전거, 오

토바이, 자동차 때문에 골목길을 갈 때나 신호등을 건널 때도 안심할 수가 없다. 허리와 다리가 아프면 길 가운데서도 보행 보조차 의자에 앉아서 쉬는데 오토바이는 가장 위협적이다. 항상 아슬아슬한 마음으로 병원 동행을 한다.

병원에 가면 어르신 상태에 대해 슬기 씨가 의사에게 전달한다. 슬기 씨는 미리 집에서 어르신이 얼마나 불편한지, 전달하고 싶은 내용은 무엇인지 잘 정리해두었다.

진료가 끝나면 처방전을 가지고 약국에 들러서 약을 받는다. 집으로 돌아올 때도 안전이 최우선이라 긴장의 연속이다. 어르신 댁에 오면 우선 보행 보조차를 3층에 올려놓고 다시 내려와 어르신을 부축하고 3층 계단을 올라가야 한다. 어르신보다 보행 보조차를 먼저 집에 올려놓는 이유는 보행차가 분실될까 봐 걱정을 하는 어르신의 요구 때문이다.

집에 도착한 어르신을 침대에 편한 자세로 쉴 수 있도록 해드리고 고생하신 어르신의 손을 꼭 쥐고 인사를 한다. "어르신, 힘드셨지요. 고생 많으셨어요. 내일 올게요."

오늘 슬기 씨는 조금 늦은 퇴근을 한다. 한의원 가는 날은 식사를 드리고 병원 이동과 대기시간, 물리치료를 끝내면 퇴근시간이 훌쩍 지나버린다.

병원 동행하는 날, 슬기 씨는 온몸이 뻐근하다. 평소에 스트레칭을 자주하는 편이지만 이렇게 부담이 많은 날은 스트레칭을 충분히 해야 한다.

산책과 운동

　이용자들은 몸과 마음의 회복을 위해 적절한 산책이 꼭 필요하다. 산책은 요양보호사가 이용자의 몸 건강과 정서적 건강을 함께 파악할 수 있는 기회이기도 하다.

　편마비 이용자의 경우는 매일 걷는 것이 필요한데 손잡이 달린 보행 벨트를 이용하는 것이 이용자와 요양보호사 모두에게 안전하다. 야외에서 요양보호사의 어깨에 의지해서 하는 운동은 서로에게 안전하지 못하며 요양보호사에게 근골격계 질환의 유발 요인이 된다.

　편마비 운동지원으로 주무르기를 요구하는 경우가 있는데 주무르기는 요양보호사 업무가 아니다. 주무르기 대신 관절 가동범위 내 운동을 무리가 되지 않게 스스로 할 수 있도록 도와드리는 것이 좋다.

[나의 돌봄 현장 적용하기]
　내가 돌보는 어르신에게 필요한 기능회복 계획을 세워봅니다.

--- ◦◦◦ 현장 속으로 ◦◦◦ ---

◇

팔다리 근력강화 운동으로 외출이 가능해졌어요

◇

89세 여자 권○○ 어르신은 낙상에 의한 고관절 골절 후 6개월 이상 누워 지내다 근력이 약화되어 일어서지 못하는 상태다. 혼자 살고, 큰딸과 셋째 딸이 가까운 곳에 살면서 수시로 방문한다.

어르신은 침대에 누워만 있다 보니 체중이 많이 늘었고, 왼쪽 가슴 위쪽에 대상포진 후유증이 있어 왼쪽 팔을 위로 올리지 못하고 많이 괴로워했다. 인지기능은 괜찮은 편이나 홀로 있는 시간이 많아 우울하다. 어르신은 반년 이상 누워만 있으니 너무 답답해서 바깥 공기 한번 쐬는 게 소원이라고 했다. 슬기 씨는 어르신의 소원을 들어드리기 위해 근력기능을 회복하는 돌봄 계획을 세웠다.

슬기 씨의 주요 돌봄 계획

1. 팔, 다리 근력 강화로 혼자 서기
   - 무리가 되지 않는 범위 내에서 점차 운동량 증가
   - 단백질 보충식으로 식사 제공
2. 침대에서 휠체어로 본인이 이동하기

주거 공간이 좁은 편이라 침상 운동만 가능한 상황이어서 처음에는 침상에서 누운 자세로 관절 가동범위 내 운동을 하고, 다시 앉은 자세에서 상체운동을 하도록 했다.

주 2회 보호자와 함께 양쪽에서 어르신을 잡고 서기 운동을 조금씩 시간을 늘려가면서 했다. 어르신이 과체중이라 잡고 있기도 힘들었으나 꾸준하게 운동시키고 세우기를 반복하면서 점차 다리에 힘이 들어가기 시작했고, 침대에서 휠체어로 어르신 혼자 이동하는 게 가능해졌다. 왼쪽 팔을 자유롭게 쓸 수만 있다면 덜 힘들 텐데 하는 안타까움이 있었지만 어르신은 통증에도 불구하고 열심히 운동을 했다.

3개월 후, 드디어 어르신이 처음으로 휠체어를 타고 밖으로 외출하게 되었다. 매일 침상에만 있어 어둡던 표정도 밝아지고 우울해하던 모습도 사라진 첫 외출. 어르신이 소원성취한 날이다. 이후에는 주 1회 산책 계획을 세우고, 꾸준하게 운동하여 점차 기능이 회복되고 있다. 침상에서 보던 배변도 이동 변기에서 스스로 처리할 수 있게 되었다. 침상에 계신 어르신에게 기능 회복을 목표로 적극적 돌봄을 제공하여 신체적, 심리적 건강을 회복한 좋은 사례가 되었다.

마음을 돌보면 눈에 보여요

말벗 되기

말벗 서비스는 노인장기요양보험제도에서 매우 중요한 정서적 지원이다. 돌봄이 필요한 이용자들 대부분은 외부 활동이 어렵고 사람들과의 교류가 쉽지 않아 외로운 시간을 보내는 경우가 많다.

자녀는 각자의 생활을 살아내느라 한집에 같이 사는 경우에도 서로 이야기할 기회가 적다. 혹은 젊은 세대와 소통 방식이 어려워서 혼자 방에 남겨지기도 한다. 가족이 없는 경우는 이야기할 사람 하나 없이 외부 세상과 단절된 채 살아가기도 한다. 때로는 요양보호사가 바깥세상과 소통할 수 있는 유일한 사람일 수도 있어 말벗으로만 돌봄 서비스 시간을 전부 사용하겠다는 이용자도 있다.

퇴근 시간 임박해서 말벗하자고 붙잡는 상황이 자주 일어나서 곤란해질 때도 많다. 혼자 남겨지는 것이 싫고 자신의 말을 들어줄 사람이 곁에 계속 있기를 바라는 외로움의 표현일 것이다. 말벗 서비스가 매일 필요한 어르신은 필요에 따라 매일 시간을 정하는 것도 좋다. 말벗의 기능을 잘 살린다면 노인의 삶을 좀 더 건강하고 활기 있게 유지할 수 있다.

말벗을 통해 어르신의 이야기를 많이 듣다 보면 어르신이 살아온 역사를 알 수 있다. 좋아하는 것, 예전에 잘하던 것, 현재 정서 상태, 지금 하고 싶은 것 등의 욕구를 파악하고 서비스 계획에 반영하면 좋다. 집에만 계신 어르신이 정보를 획득하고 외부와 연결되는 통로는 거의 텔레비전뿐이다. 소통 욕구를 가진 어르신이 어떤 분야에 관심을 가지는지 잘 파악해두면 말벗 서비스의 내용을 더 풍성하게 채울 수 있다.

알아차림

노인의 건강과 정서 등은 매일 다를 수 있지만 세심하게 관찰하지 않으면 쉽게 드러나지 않는다. 특히 정서적 불안이나 불편함에 대해 정확하게 표현하기 어려울 때는 주변의 관심이 필요하다.

불편함이 증상으로 나타나기까지는 시간이 걸린다. 따라서 항상 주의 깊게 이용자를 살피는 것이 필요하다. 불편함의 단계에서 '알아차림'은 증상이 나타난 이후 대응할 때와는 전혀 다른 결과를 가져올 수 있다. '알아차림'은 관찰과 관심으로 가능하다.

- 업무 틈틈이 안부를 물어요.
- 어제 잠은 잘 잤는지, 악몽을 꾸었는지, 재미나게 TV 시청한 것은 어떤 프로그램인지 등 공감할 수 있는 내용을 소재로 삼아 대화를 이어나가요.
- 주방에서 음식을 할 때 어르신을 주방과 가까운 곳에 앉히고 음식과 관련된 대화를 나누어요. 입맛이 어떤지, 먹고 싶은 음식이 생겼는지, 소화가 잘되는지, 배변에 어려움은 없는지 등을 살펴요.
- 목욕하면서 몸의 어떤 부위가 불편한지에 대해 확인해요.
- 산책하면서 접하는 다양한 환경을 통해 자연스럽게 이야기를 나눠요.
- 잘 기록해두었다가 업무에 반영해요.

정서지원

정서지원은 마음을 돌보는 것, 즉 관심이다. 아픈 노인은 살아가면서 고립감, 외로움, 무기력, 노여움을 혼자 감내한다. 이런 노인의 마음을 이해하고 관심있게 들여다보면서 이용자가 선호하는 것을 파악하여 정서 계획을 세우면 좋다. 예를 들면 꽃밭 가꾸기, 영화보기 등을 권할 수도 있고, 복지관 프로그램 등 외부 활동에 대한 정보를 공유하여 지원할 수도 있다.

지역자원을 연계하여 어르신의 정서지원뿐만 아니라 생활에 도움을 줄 수도 있다. 사회복지, 의료, 요양복지용품, 이·미용, 환경개선 등 다양한 지원방법에 대해 기관 담당자 등과 정보를 공유하고 도움이 될 만한 일을 적극적으로 찾아보자.

[**나의 돌봄 현장 적용하기**]

- 어르신이 안전하고 쾌적하게 생활하기 위해 필요한 부분은 없는지 살펴봅니다.
- 어르신에게 정서적으로 필요한 자원이 우리 동네에는 어디에 있는지 알아봅니다.

구 분	예 시	우리 동네
돌봄 서비스	방문간호, 방문목욕 제공기관, 복지용구 제공기관, 치매안심센터	
의료서비스	보건소, 어르신 질병 관련 기관	
이불, 의복	아름다운가게, 시민단체	
영양	복지관 등 무료 식사제공처 시민단체 등 반찬지원	
주거	주거복지센터, 노인지원주택 지역자활센터 집수리단	
여가	복지관, 노인대학, 지역 문화예술 단체	
자치구	구청 희망나눔팀, 동 주민센터 사회복지 담당자	

◇

화초를 키우면서 생활의 활력이 생겼어요

◇

김○○ 남자 79세 어르신은 초기 인지장애다. 기초생활수급자이고 혼자 산다. 3층 다세대 주택의 옥탑에 사는데 6평 정도에 방1, 부엌, 화장실이 있다. 옥상은 10평 정도 된다.

고혈압, 당뇨와 당뇨망막증, 심장질환, 뇌경색, 청각장애(장애 3급)와 초기 인지장애로 3등급 판정을 받았다. 당뇨로 인슐린 주사를 맞으면서 주 2회 혈당을 체크한다. 항상 콩밥과 칼로리 낮은 음식으로 식이요법을 하는데도 혈당 조절이 잘 안 된다. 양쪽 복숭아뼈에 상처로 인한 감염으로 3번의 시술을 받고 3개월간 통원 치료를 하고 있지만 보행이 불편하다. 한쪽 눈은 백내장 수술을 받았는데 눈이 감기지 않는다. 보청기를 착용해도 초인종 소리를 듣지 못할 만큼 청각장애가 있고, 치매 진단을 받았으나 먹는 약이 많아서 치매 약은 복용하지 못하고 있다. 환시 증상이 있으며 사는 게 무료하고 힘이 없다고 한다.

슬기 씨는 어르신의 정서적 안정과 인지활동에 도움이 되는 식물 키우기를 계획하였다.

슬기 씨의 주요 돌봄 계획

1. 어르신이 직접 할 수 있는 활동 찾기
2. 옥상 공간을 이용하여 화초 가꾸기
3. 준비 과정부터 어르신을 지지하며 함께할 것
4. 안전한 생활을 위해 저층으로 이사 방법 알아보기

슬기 씨는 '직접 식물을 심고 재배하는 등 생명을 돌보면 주의 집중력이 높아지고 후각, 시각, 촉각 등 다양한 감각자극 효과가 있다', '원예 활동이 치매 치료와 일상생활의 수행능력 향상에 효과적으로 활용될 수 있는 가능성을 보여 준다'는 자료를 읽은 적이 있어 어르신께 적극 권유하기로 하였다.

슬기 씨가 옥상에 화초 가꾸기를 권유하자 어르신도 좋아했다. 걸음이 불편한데도 함께 시장에 가서 고추와 방울토마토 모종, 꽃 화분을 사서 옥상 정원을 만들었다. 꺾꽂이 식물 종류와 꺾꽂이 방법을 알려 드리자 흥미를 느끼고 좋아하는 식물을 꺾꽂이하며 가꾸기 시작했다. 아침저녁으로 물을 주는 등 몸을 많이 움직이면서 근력이 생기고, 낮에 햇빛을 충분히 쬐면서 움직이니까 밤에 숙면을 취하게 되었다. 어르신은 화초를 보고만 있어도 흐뭇하고 만족감이 느껴져 건강이 좋아졌다고 말한다. 점차 환시를 보는 횟수가 줄어들고 혈당 조절도 되었다.

슬기 씨는 어르신의 보행이 불편하여 낙상의 염려가 있으므로, 화초를 가꿀 때 항상 살피고 조심할 것을 당부했다. 어르신의 안전한 생활을 위해 가능한 한 빠른 시일에 마당이 있는 저층으로 이사할 수 있는지 구청 관리자와 의논하기로 했다.

기록의 힘[*]

급여제공기록지

급여제공기록지 작성은 요양보호사의 가장 기본적이고 가장 중요한 업무다. 급여제공기록지는 요양보호사가 교체되더라도 어르신께 필요한 동일한 서비스를 제공하기 위해 인수인계 자료로 활용된다. 더 나아가 어르신이 병원 방문 시에 건강 상태를 알 수 있는 자료가 되기도 하고, 가족이 돌봄 서비스의 협력자로서 언제든지 어르신의 상태를 확인하는 데 쓰이기도 한다.

특히 돌봄 현장에서 문제(성희롱, 폭행, 폭언, 도둑누명, 과도한 서비스

---

* 서식 및 작성 사례는 부록에 수록했다.

등)가 발생했을 때 어르신과 보호자, 요양보호사, 기관 운영자 모두를 보호할 수 있는 법적 자료가 될 수 있다.

이처럼 중요한 급여제공기록지 작성법은 다음과 같다.

[태그(tag)]

장기요양 앱을 사용하여 급여제공기록지를 작성한다. 흔히 태그를 찍는다고 표현한다. 제공한 급여 항목을 체크하고 분 단위로 시간을 기록한다. 건강보험공단으로 실시간 전송되기 때문에 기관과 보호자가 가장 신뢰하는 방법이다. 또한 태그를 통한 서비스의 전송 내용은 수가 청구에 활용되므로 기관의 투명한 운영과 정직한 수가 청구를 위해서도 꼭 필요하다.

[수기 작성]

급여제공기록지, 일명 '일지'에 직접 기록한다. 최근에는 태그가 주된 기록 방법이고 수기 작성은 보완적 방법이다. 서비스 제공 당시의 상황에 따라 태그를 하지 못했거나 어르신이나 가족의 갑작스러운 요청, 장시간 사용, 공휴일 서비스 제공, 기관에 사전 보고가 안 되어 서비스 제공 시간이 등록되지 않았을 경우 반드시 수기로 기록지에 작성해야 한다. 이때는 급여제공기록지의 특이사항란에 사유를 정확하게 기록해야 한다.

태그나 급여제공기록지 수기 작성 외에 개인돌봄일지나 보호자를 위한 공감노트를 따로 기록하기도 한다. 의무사항은 아니지만 보호자와의 소통을 위해서나 요양보호사 스스로 돌봄 활동의 가치를 높이고 돌봄 기술을 향상시키기 위한 것이다. 어르신의 건강 상태 변화와 요양보호사의 서비스 제공 업무 등을 기록한다.

어르신의 상태변화 기록지를 따로 작성하면 더욱 도움이 된다. 어르신의 신체적, 인지적, 정서적 혹은 감정적 등 상태 변화를 사실적으로 정확하게 기록한다.

★★★ 바로 실전 ★★★

공휴일 갑자기 서비스를 요청했을 경우, 일정 미등록 시

예 5월 5일 공휴일 보호자 전화하여 서비스 요청함. 9~12시, 180분 제공

180분 서비스 일정 등록되었으나 병원 동행으로 시간을 초과하여 270분 서비스를 제공하게 되었을 경우

예 어르신 ○○병원 ○○과 진료 동행으로 시간 초과되어 270분 제공

180분 일정 등록되었으나 응급상황 발생으로 어르신 119로 응급실 입원하여 120분만 서비스 제공한 경우

예 어르신 응급상황 발생으로 ○시 ○○분, 119로 ○○병원 입원하심. 120분 서비스 제공

※ 서비스 도중 이용자가 입원을 하게 되면 입원 수속과 함께 방문서비스는 종료된다.

정서나 인지, 신체 상태 등 상태 변화 기록

예 아침엔 기분이 좋으셨는데 TV를 보시다가 북한 사람들이 나오자 갑자기 소리 내어 우셨다. 6.25가 다가오니 고향 생각이 난다고 하셔서 어르신 손을 잡고 위로해드리고 눈물을 닦아드렸더니 어르신 기분이 조금 좋아지신 것 같다.

개인돌봄일지

급여제공기록지는 장기요양기관에 제출하는 공식적 업무를 위한 기록지이다. 기관에 보관되며 이용자와 보호자의 서명 등으로 기록을 공유하게 된다. 그러나 현장에서 일어나는 돌발 상황을 공식기록에 모두 담기에는 현실적으로 어려울 때가 있다. 이런 경우 개인돌봄일지에 기록해두면 좋다.

개인돌봄일지는 개인기록이지만 현장에서의 문제(성희롱, 폭행, 폭언, 도둑누명, 과도한 서비스 등)를 파악할 수 있는 자료로서 인정되며 필요한 경우 증거자료로 사용할 수 있다.

개인돌봄일지를 써두면 이용자 가족과 이용자의 상태를 공유할 때 신뢰를 더할 수 있으며, 다음 이용자와 처음 만났을 때 참고자료로 사용할 수도 있다. 요양보호사 개인의 역사적 기록으로도 의미가 있다.

- 요양보호사 본인의 감정 변화나 바람이 아니라, 사실 그대로를 정확하게 기록해요.
- 돌봄일지는 주 1회 이상 기록해야 의미가 있어요.
- 특이사항이나 보고사항이 있을 때는 꼭 기록해요.
- 시작, 종료 태그를 못했을 경우 사유를 꼭 기록해요.
- 서비스 종료 후 미루지 말고 바로 기록해요. 기억에 의존하면 사실이 왜곡될 가능성이 있어요.
- 기록은 자신의 감정을 제어할 수 있는 도구가 되기도 해요. 감정이 일어나는 순간은 누구나 제어하기 어려운데, 현장에서 일어나는 상황을 글로 쓰면서 억울함, 흥분, 분노 등을 풀어내며 감정을 조절할 수 있는 시간을 확보할 수 있어요.
- 기록은 시간이 지난 후 일어났던 일에 대해 객관적 시선으로 볼 수 있게 해요. 성격이 급하거나 논리적 대화가 어려운 사람들과 이야기해야 할 때 꺼내 쓰면 효과적이에요.

보호자와 소통하는 공감노트

공감노트는 보호자와 이용자 서비스 내용을 공유하기 위한 것이다. 오늘 식사, 외출해서 방문한 곳, 기분, 아픈 곳, 목욕 시 발견한 증상, 배변과 정서 상태, 보호자가 준비해야 할 품목 등을 구체적으로 기록하고 장보기 한 영수증이 있을 경우 공감노트에 끼워 놓는다.

보호자는 직장 등 외부 활동으로 부모를 돌보지 못한다는 미안한 마음을 가질 수 있는데 공감노트를 통해 자신이 부모가 낯선 요양보호사와 어떻게 지내고 있는지, 건강 상태가 어떤지를 알게 되면 조금은 안심할 수 있다.

공감노트를 공유하다 보면 가족은 요양보호사에게 감사한 마음을 가지게 되고 요양서비스의 전문성도 인정하게 된다. 공감노트는 돌봄 주체 모두를 안전하게 해주는 좋은 방법이다.

 꿀팁 한 스푼

- 노트에 적어 보호자와 공유하는 것이 일반적인 방법이에요.
- 먼 곳에 사는 가족의 경우, 공감노트 내용과 영수증 등을 사진으로 전송할 수 있어요.
- 상황별로 실시간 문자 등을 전송하는 방법도 있어요.

퇴근, 오늘 어떠셨어요?

퇴근인사와 서비스 만족도

슬기 씨, 이제 퇴근할 시간이다. 오늘 하루 고생했다. 퇴근 인사는 '오늘의 할 일'을 마무리하는 시간이며 내일을 준비하는 시간이다. 인사할 때는 눈을 마주 보거나 가벼운 포옹을 한다.

돌봄 업무가 잘 진행되었는지 부족한 내용이 있었는지 만족도가 어떤지 확인한다. 부족했던 부분은 다음 방문에 채우기로 한다. 내일 할 일에 대한 의견도 나눈다. 청소, 반찬, 목욕 등 기술적인 부분과 준비시간이 많이 필요한 업무에 대한 의견을 나누는 것도 필요하다. 출퇴근마다 업무 의견 나눔을 꾸준히 하면 업무 결정 시간이 축소되며 상호존중의 민주적 의사결정이 정착되는 데 도움이 된다.

서비스에 대한 만족도를 질문하는 것은 평가를 받기 위한 것이 아니다. 이용자는 자기 권리를 확인할 수 있는 시간이며 요양보호사는 서비스 내용을 수정할 정보를 얻을 기회이다.

퇴근 인사도 빼놓지 않고 꾸준히 한다. 보통 처음에는 인사를 열심히 잘한다. 하지만 시간이 지나면 똑같은 인사를 반복하는 것이 무슨 의미가 있나 싶고, 서로 익숙해지고 충분히 친해졌으니 굳이 인사를 안 해도 괜찮을 거라 지레짐작하기도 한다. 요양보호사는 인사하는 데 시간을 할애하기보다 좀 더 일을 하자는 마음이겠지만, 돌봄에서 인사란 단순한 인사가 아니다. 인사말과 눈 맞춤, 신체접촉을 통해 존중받는 좋은돌봄을 받고 있다고 느끼게 하는 정서지원이기도 하다.

★★★ 바로 실전 ★★★

"오늘 반찬(병원)은 어떠셨나요?"

"호칭이 마음에 드시나요?"

"청소하고 집안 분위기가 좋아졌나요?"

"목욕하시니까 시원하신가요?"

"병원 다녀오기 많이 힘드셨지요?"

"제가 있을 때 함께 하고 싶은 일이 있으신가요?"

"식사 잘하시고 잠도 잘 주무셨으면 좋겠어요."

"내일 다시 뵈어요."

"어르신이 그동안 살아오신 삶을 그대로 인정하고
존중하는 마음을 갖는 것이 중요합니다."

-이현주

1주차, 업무 파악하기

돌봄 노동자로서 하루를 보낸 슬기 씨는 지금 어떤 마음일까? 보람찬 하루를 보냈지만 첫날은 아무래도 어설펐던 부분이나 아쉬웠던 부분이 먼저 떠오를 것이다. 하지만 과욕은 금물! 우선 업무를 살 파악하는 것에만 신경 쓰는 것이 좋다. 경험이 많은 요양보호사도 새로운 이용자를 만나면 이용자 상태를 파악하는 데 한 주를 보낸다.

이용자 상태 파악하기

서로가 처음이니까 이용자에게 이런저런 질문을 하면서 이용자 고유의 생활유형과 상태를 파악하는 일이 필요하다. 특히 건강

상태를 관찰해야 한다. 질환에 따른 약물복용과 매일 변화하는 (고혈압, 당뇨수치 등) 신체 변화를 점검해야 한다. 생활에 가장 기본적인 먹기, 배설하기, 잠자기를 확인하는 것은 노인건강에 있어 가장 중요한 돌봄이다.

☑ **체크리스트**

☐ (치매등급이 아니어도) 인지 상태는 어떠한가?
☐ 만약 까다로운 성향이라면 어떤 것에 가장 예민한가?
☐ 이용자의 기저질환에 따른 약 종류, 복용시간, 병원 방문 장소와 일정, 진료과가 많은 경우 겹치는 약의 성분이나 과다복용 가능성이 있는가?
☐ 식사 준비에 적절한 주방 상태인가?
☐ 집안의 냉난방 상태는 어떠한가?
☐ 잠자는 시간과 수면의 질은 어떠한가?
☐ 운동지원과 마사지 중 어떤 것이 필요한가?
☐ 명랑한 요양보호사와 이야기를 잘 들어주는 요양보호사 중 어떤 유형의 사람을 좋아하는가?

가족 환경 파악하기

가족 환경에 따라 서비스 구성 내용이 달라진다. 이용자의 가족 등 주변 사람과의 관계를 파악해야 주거안정, 건강, 경제, 정서에 따른 서비스 계획을 세울 수 있다. 가족 환경은 요양보호사와 관계 맺기에도 영향을 미친다. 홀몸 이용자의 경우 비상 연락망을 요양보호사와 기관이 함께 공유해야 한다.

돌봄 업무 파악하기

기관에서 안내해준 이용자의 서비스 범위에 따라 일을 하게 되지만 업무를 하면서 좀 더 자세한 내용을 파악해야 한다. 이때 이용자 위주의 업무 범위를 다시 한 번 정확하게 확인한다. 업무 범위를 정하지 않은 즉흥적 서비스는 업무 경계가 모호해지고, 서비스 질의 저하를 가져올 수 있다. 이용자와 함께 결정한 업무 내용을 잘 기록해두면 이후에 인수인계에도 도움이 되고 다음 이용자와 처음 만났을 때 참고자료로 활용할 수도 있다.

퇴근 인사를 겸한 질문을 통해 부족한 내용이 있었는지 만족도가 어떤지도 알아본다. 또한 서로 신뢰감이 형성되고 있는지도 빈삼하게 살펴야 한다.

서비스 만족도를 알아가는 과정은 이용자와 요양보호사가 대화를 이어가는 통로가 되고 이용자의 신체, 정신, 정서에 대한 욕구 상태를 확인할 수 있다. 이러한 업무 대화는 공감노트나 개인돌봄일지에 잘 기록해둔다.

돌봄 여건 조성하기

어르신이 거주하는 집안 환경을 살피다 보면 돌봄에 필요한 물품이 부족할 수도 있고, 집안에 해충이 많아 방역이 필요하거나 버리지 않은 쓰레기가 쌓여 있어 대청소가 필요할 수도 있다. 이럴 땐 임의로 처리하지 않고 최대한 정중하게 어르신의 의견을 듣도록 한다.

[방역 서비스 필요 상황]

어르신 곁에서 대화를 나누다가 방안에 작은 개미가 있는 것을 발견했다. 슬기 씨는 어르신께 "개미가 있네요? 불편하지는 않으셨어요?"라고 여쭙고 방역을 해본 적이 있는지, 집안에서 해충(바퀴벌레, 개미 등)은 언제부터 나왔는지, 얼마나 되는지를 알아보면서 방역 연계에 대한 어르신의 의견을 들었다. 어르신은 방역 서비스가 필요하다며 신청해달라고 하셨다. 슬기 씨는 기관에 전화로 상황을 설명하고 방역 서비스가 진행될 수 있도록 요청했다.

- 아파트 등 공동주택의 경우 관리사무실, 경비실에 신청한다.
- 쪽방, 고시원 등은 관리인에게 요청한다.
- 개별 가구 중 저소득 수급권자는 동 주민센터에 신청한다.
- 일반 가구는 어르신 동의 후 업체에 의뢰하거나 약국에서 해충방제 분무약 구입한다.

[청소 물품 필요 상황]

어르신이 주로 계시는 거실 청소를 위해 청소 물품을 찾으니 보이질 않는다. 어르신께 여쭙자 베란다에 널어놓은 걸레를 빨아서 쓰라고 하신다. 슬기 씨는 무릎 관절이 좋지 않아 집에서도 무릎을 꿇고 엎드려 바닥청소를 하지 못한다. 게다가 걸레가 낡고 냄새도 난다. 슬기 씨는 어르신께 사실대로 말씀드렸다.

"어르신, 혹시 댁에 밀대 달린 걸레 없으세요? 제가 무릎이 좋지 않아 되도록 쭈그리거나 앉아서 걸레질하는 것을 조심하라는 의사 선생님 말씀을 들었어요. 밀걸레기 있으면 깨끗하게 청소할게요."

어르신이 밀걸레는 없다며 집이 좁으니 그냥 하면 안 되냐고 하신다. "어르신, 그러면 오늘은 그냥 하고, 제가 내일 올 때 사올 테니 비용을 주실 수 있으세요?" 어르신은 흔쾌히 그렇게 하라고 하셨다.

- **독거 어르신의 경우** : 직접 요청하기, 단 최대한 정중하게 요청하기

- **동거 가족이 있는 경우** : 가족에게 요청하기, 전화통화, 문자, 쪽지를 이용하여 소통하기

[**대청소가 필요한 경우**]

거동이 불편한 채로 오랜 기간 혼자 지낸 어르신의 집안에 쓰레기가 여기저기 널브러져 있다. 벗어놓은 옷가지, 일회용 죽그릇, 생수병, 과일 껍질, 오물이 묻은 휴지 조각, 집기류 등이 가득하다. 슬기 씨는 혼자서 치우려니 감당이 안 되어 어르신이 눈치 채지 않게 사진을 찍어 기관에 전송하고 도움을 요청했다. 다행히 기관에서 와주기로 했다. 혼자서 처리하기 어려울 때는 일단 기관에 도움을 요청하자.

[**저장장애 상황인 경우**]

어르신 댁에 들어서니 여기저기 발 디딜 틈이 없을 정도로 많은 물건이 쌓여 있다. 어르신이 물건을 절대 버리려고 하지 않으신다는 이야기와 주민센터에서도 알고 있으며 대책을 세우려고 다녀갔다는 이야기를 들었다. 하지만 슬기 씨가 생각한 것보다 훨씬 심각하다. 어르신께 불편하지 않으시냐고 여쭙자 괜찮다고 한다. 어르신이 건강하게 지내시고 안전하게 어르신을 돌보려면 주변의 물건을 정리할 필요가 있다고 조심스럽게 말씀드렸다. 어르신은 본인 스스로가 알아서 치우고 있으니 걱정 말라고 한다. 전문가의 도움이 필요함을 인식하고 기관과 주민센터가 협력하여 상황을 지켜보기로 하였다.

저장장애는 정신적, 심리적 문제가 있는 질환이므로 함부로 어르신을 평가하거나 물건을 치우는 일이 없도록 주의해야 한다.

예측 가능한 서비스 안내

급여제공계획서대로 돌봄 업무를 하지만 서비스를 제공하기 전에는 이용자에게 '예측 가능한 안내'를 계속할 필요가 있다. 사람은 누구나 다음 행동에 대해 미리 알고, 능동적 대응을 할 때 안정감을 느낀다. 요양보호사의 입장에서는 매일 같은 업무의 반복이지만 서비스를 받아들이는 이용자는 언제나 지금이 처음이다.

예측 가능한 서비스 안내는 업무를 시작한다는 안내이기도 하지만, 서비스 도중 자극에 대한 마음의 준비를 알리는 배려이기도 하다. 업무의 특성상 주로 이용자의 몸을 만지게 되므로 동작할 때마다 이용자에게 정보를 줄 필요가 있다. 모든 서비스를 '내가 서비스 이용자의 몸과 마음이었으면 어떨까' 하는 역지사지의 마음으로 한 번 더 생각하면서 돌봄을 제공하도록 한다.

예측 가능한 서비스의 안내는 이용자에게는 안정감을 주어 요양보호사에 대한 신뢰를 높이고 함께 있는 시간을 편안하고 즐겁게 한다.

2주차, 업무 쪼개기

서비스 순서 함께 정하기

한 주를 보내면서 이용자의 생활유형과 돌봄 업무에 대한 욕구를 파악하기 위해 이야기를 많이 나누었을 것이다. 서로를 알아가는 시간을 보내면서 서먹함도 조금은 가시지 않았을까. 이제 머리를 맞대고 지난 1주 동안 파악한 내용을 바탕으로 서비스 순서를 계획하는 시간을 가져보자.

슬기 씨가 먼저 업무계획을 세우고 서비스 시간표를 만들어 이용자 혹은 보호자에게 동의를 받아도 좋지만, 처음부터 함께 만들어가면 더욱 좋다. 업무계획과 시간을 이용자와 함께 정하고 서비스를 시작하게 되면 책임과 의무를 서로 나누게 된다. 이용자와 보호자가 정해진 업무 외에 과도한 일을 요구하지 않는 분위기가 만들어진다는 장점도 있다. 시간표는 냉장고 등 눈에 잘 띄는 곳에 붙여놓자.

★★★ 바로 실전 ★★★

월 : 식사 준비, 샤워, 세탁, 손/발톱 정리
화 : 식사 준비, 청소, 정리, 말벗
수 : 식사 준비, 외출동행(병원, 시장, 관공서 등)
목 : 식사 준비, 말벗, 마사지 or 운동(야외산책 등)
금 : 식사 준비, 청소, 정리, 말벗

※ 샤워와 세탁, 손발톱 정리처럼 연결되어있는 일을 같이 배치하여 짧은 시간을 효율적으로 사용한다.
※ 주말에 드실 반찬까지 하려면 금요일 식사지원 시간이 조금 길어질 수 있다는 점을 감안한다.

 꿀팁 한 스푼

업무계획을 세우고 나면 서로 약속을 지켜가자는 의미에서 재밌게 서명을 해보자. 너무 진지하게 말고 어린 아이들이 손가락 걸고 약속하고 도장 쾅 찍는 흉내를 내듯이 가볍게 진행한다. 간단한 그림(사과나 해 등)으로 자신의 서명을 대신해도 좋다.

지치지 않고 꾸준하게 일하기

경험이 많은 사람은 할 일이 한꺼번에 보인다. 눈에 들어오는 일을 한 번에 해치우다 보면 내 몸과 마음은 지치지만 이용자와 보호자의 눈에는 '일 잘하는 사람'으로 비칠 것이다. '일 잘하는 사람'은 처음에는 만족도가 높다. 하지만 시간이 지날수록 더 많은 일을 요구받게 되면서 점차 몸도 지친다. 자존감도 떨어져 수동적인 요양보호사가 되기 쉽다. 결국 이용자는 실망하고 요양보호사 또한 자신의 호의를 당연시하는 이용자의 태도에 화가 나게 된다.

이용자와 보호자가 생각하는 '일 잘하는 사람'보다 요양보호사로서 해야 할 일을 '책임감 있게 지치지 않고 일하는 사람'이 진짜 일 잘하는 사람이다.

일하는 사람이 덜 지쳐야 요양 현장이 안정된 분위기를 유지할 수 있고, 이용자와 보호자의 입장에서도 한 번에 일을 처리하다 지쳐서 그만두는 것보다 짧은 노동시간에 맞는 적당한 속도와 거리를 유지하면서 꾸준하게 함께하는 요양보호사에게 더 만족할 것이다.

또한 '일 잘하는 사람'은 요양보호사가 해야 할 표준화된 서비스 이상의 부당노동을 요구하는 문제를 유발할 수 있다. 일'만' 잘하는 사람과 좋은돌봄을 실현하는 '진짜 일 잘하는 사람'을 구분할 필요가 있다.

업무 쪼개기

진짜 일 잘하는 사람으로서 효율적 업무를 수행하려면 한 가지 서비스에 대한 시간 배분, 매일 해야 할 일, 주 1회 해야 할 일, 월 1회 해야 할 일 등을 나눌 수 있어야 한다. 상태가 좋지 않은 싱크대, 냉장고 등의 대청소는 필수적으로 업무 쪼개기를 해서 약 3~4주간에 걸쳐 진행한다. 매일 20~30분으로 나누어 그 시간만큼만 진행하고 멈추도록 하고, 힘든 일은 주 1회 배치되도록 조절한다.

업무 쪼개기가 어려워 집안이 정돈될 때까지 한 가지 일에만 매달리면 요양보호사도 지치고 다른 업무에도 지장을 주면서 업무만족도가 떨어지는 결과를 가져온다. 이용자와 요양보호사의 관계 설정에도 방해 요인으로 작용할 수 있다.

업무 쪼개기는 기관 담당자와 공유해야 한다. 현장을 파악한 요양보호사의 의견을 존중하고 기관 담당자의 의견을 반영하여 돌봄의 공동책임자가 되어야 한다.

이렇게 함께 만든 업무계획이라도 이용자의 상태에 따라 언제라도 바꿀 수 있다. 요양보호사는 상황에 따른 유연함이 필요하다는 것을 기억하자.

✧

업무 쪼개기를 통해 깊은 신뢰를 얻었어요

✧

85세 ○○○할머니는 뇌졸중으로 이동이 자유롭지 못하다. 방문간호사의 운동지원 중 골반이 골절되는 사고 이후 와상 상태로 3년 동안 할아버지의 극진한 수발을 받다가 노인장기요양보험이 시작되면서 요양서비스를 신청했다.

자녀 없이 평생을 지내온 할머니에게는 89세 할아버지가 보호자이다. 할아버지는 눈이 잘 안보이고 귀도 어둡고 걸음을 잘 걷지 못해 외출도 어렵지만 할머니 수발을 성실하게 잘 하신다.

슬기 씨는 첫날 식사 준비를 위해 주방 싱크대와 냉장고를 열어보고 상황이 심각함을 느꼈다. 냉장고에는 복지관 반찬과 여러 단체에서 받은 음식에 곰팡이가 가득했고, 김치냉장고에는 묵은 김치와 각종 식재료들이 상해서 냄새가 심했다. 싱크대에는 바퀴벌레 부스러기가 수북하고 매일 사용하는 그릇들은 찐득하게 묻어나는 기름때 때문에 손을 대기가 어렵다.

슬기 씨는 어렵게 4시간의 업무를 마친 후 보호자인 할아버지에게 위생의 심각성에 대해 말씀드렸다. 할아버지는 유통기한이 지난 음식 재료와 상한 음식을 정리해서 버리는 것에 동의를 해주었다. 눈이 잘 안 보이고 냄새도 예전만큼 잘 못 맡게 되면서 이렇게 되었다고 오히려 미안해했다.

싱크대 바퀴벌레 잔해들과 그릇 상태를 할아버지와 함께 점검하면서

슬기 씨의
돌봄 업무
쪼개기

DAY 1

DAY 2

DAY 3

DAY 4

DAY 5

청소에 필요한 세제와 도구를 구입해야 함을 이야기했다. 위생 상태가 좋아지기까지는 시간이 필요함을 설명하고 보호자의 적극적인 도움을 받기로 약속했다. 기관과 상의해서 대청소를 도와줄 분이 계시면 함께 방문해도 좋다는 승낙도 받았다.

슬기 씨는 퇴근하면서 먼저 기관 담당자를 만나 노부부의 위생 상태를 보고하고 도움을 요청했으나 상황이 여의치 않아 결국 혼자 정리해야 했다.

슬기 씨의 주요 돌봄 계획

1. 냉장고와 싱크대 상황을 보호자와 공유하기
2. 보호자와 청소계획 함께 세우기
3. 먹을 수 있는 음식 분류하고 라벨 붙이기
4. 아무리 비위생적 환경이 보여도 계획대로 진행하기
5. 현재 위생 상태를 사진으로 기록하고 대청소 후 사진 남기기

슬기 씨는 와상 이용자 신체 수발에 시간을 가장 많이 배치하고 청소계획을 세웠다. '냉장고와 싱크대를 보면 청소를 빨리해야 하다는 급한 마음이 들지만 하루에 청소시간은 30분으로 정하고 냉장고와 그릇 소독, 싱크대 등은 한 칸씩만 청소하기로 했다.

첫째 날, 냉장고에 있는 상한 음식을 정리한다.
둘째 날, 우선 사용할 몇 개의 그릇을 정해 세척하고 소독한다.
셋째 날, 냉장고를 한 칸씩 청소해 나간다.
넷째 날, 싱크대를 한 칸씩 청소해 나간다.

다섯째 날, 와상 목욕과 주말에 드실 반찬을 많이 만들어놓는다.

그렇게 총 20일의 계획을 세우고 잘 지켜가기 위해 마음을 다잡았다. 한 달의 시간이 지나자 냉장고와 싱크대, 주방도구들의 위생이 좋아졌다. 이후에는 보호자의 협조를 받아 집안에 쌓여있는 물건들을 정리하기로 2단계 계획을 세웠다. 이 과정을 통해 슬기 씨는 이용자인 할머니와 보호자인 할아버지의 깊은 신뢰를 받게 되었다. 덕분에 와상목욕을 할 때 할아버지의 도움을 받을 수 있어 큰 힘이 되었다.

3주차, 호칭 정하기

호칭의 중요성

'어르신', '요양보호사'라는 공식 호칭이 있어도 현장에서는 '어머니', '아비님', '할머니', '언니' 등의 호칭을 많이 사용한다. 심지어 '오빠', '삼촌' 등의 호칭까지 동원된다. 이러한 호칭은 유사가족 분위기를 만드는데, 돌봄 현장에서 가장 경계해야 할 일 중 하나이다. 유사가족은 공적 거리가 허물어지면서 잘못하면 서비스 내용에 일일이 참견하고 평가받게 될 수 있다. 심지어 함께 정한 업무 규칙을 무시하고 다른 가족의 가사지원까지 해야 하는 상황으로 이어지기도 한다.

유사가족으로 인한 과한 애정은 서로에게 상처가 될 수 있다. 요양보호사는 '내가 얼마나 잘해드렸는데 이제 와서 오지 말라니!' 하는 서운한 감정을 가질 수 있고, 이용자는 '딸처럼 생각했는데 그만두다니!' 하며 괘씸해하기도 한다. 방문요양은 근속을 보장받지 못한다. 언제라도 예고 없이 하루아침에 해고를 당할 수 있다. 그런데 해고보다 자신이 쏟았던 애정 관계가 부정당했다는 사실에 더 큰 좌절을 느끼기도 한다. 요양보호사와 어르신의 관계는 이생을 다할 때까지 함께하는 관계가 아니다. 요양보호사 또한 하나의 직업임을 명심해야 한다. 어르신과 적당한 거리를 만들고 공적 관계를 유지하는 것이 모두를 지키는 좋은돌봄이다.

호칭은 요양보호사와 이용자의 공적 거리를 유지하면서 상호존중을 실천할 바탕이 된다. "내가 너의 이름을 불러주었을 때 그는 나에게로 와서 꽃이 되었다." 김춘수 님의 시처럼 요양보호사로 이름이 불리었을 때 노동 정체성과 직업에 대한 자부심이 생긴다. 돌봄노동자가 하나의 전문 직업인으로서 자리 잡아야 '요양보호사=자원봉사자'와 같은 잘못된 인식을 바꿀 수 있다.

호칭의 중요성은 아무리 강조해도 지나치지 않다. 호칭은 관계성을 부여하기 때문이다. 잘못 정해진 호칭은 유사가족 등 사적 관계로 넘어가는 구실이 되고 사적 관계는 성희롱 등 불미스러운 문제로 이어질 수 있다.

앗, 이것만은 안 돼요

"내 딸 하자. 내가 죽을 때까지 나를 돌봐줘."

"우리는 가족이야."

"우리 집 일을 믿고 맡길 수 있는 사람이야."

"막내(결혼한 친딸) 주게 반찬을 넉넉히 만들어줘."

"아줌마! 세탁기 돌릴 때 애들 것도 같이 해줘."

"명절에 들어온 음식 (요양보호사) 집에도 가져가, 식구니까."

"아줌마! 명절에 식구들과 먹을 음식 조금만 만들어줘."

호칭 정하기

돌봄 업무 3주차가 된 슬기 씨, 요양 서비스에 대한 신뢰가 점차 쌓이면서 어색함이 호감으로 변하는 것을 느낀다. 처음에는 기관 담당자가 권하는 대로 공식 호칭인 어르신과 요양보호사로 서로를 불렀다. 하지만 공식 호칭을 부르기에 소금 불편함이 느껴져서 잠시적 호칭인 별칭을 만들어보기로 했다.

요양보호사의 나이가 이용자와 비슷하거나 오히려 많을 때 공식 호칭인 어르신과 요양보호사라는 호칭이 불편하거나 어려울 수 있다. 요즘 할머니, 할아버지에 대한 호칭이 주로 어르신이다 보니 아직 그런 호칭을 들을 나이가 아니라고 거부하는 사람도 있다. 또한 예전에는 청와대 영부인의 존칭이었던 여사라는 호칭이 지금은 돌봄 노동자에게 사용된다. 어르신과 여사라는 호칭이 예전처럼 권위 있고 존중받는 호칭이 아니다 보니 더욱 사용을 주저하게 되기도 한다.

슬기 씨는 별칭 만드는 기간을 정하고 2주 동안 서로가 느낀 상대에 대한 이미지를 나누면서 호칭 또는 별칭을 만들어보기로 했다. 이 업무는 정식으로 마주 보고 앉아서 하는 게 아니다. 업무 틈틈이 툭툭 던지는 놀이 형식으로 즐겁게 해야 한다.

호칭이 정해지면, 정해진 호칭이 만족스러운지 서로 불러보며 확인한다. 만약 정해진 호칭이 만족스럽지 않으면 다시 한 주의 시간을 두고 정하거나 다른 이름으로 변경하기로 열어둔다. 기관 담당자가 방문할 때 서로 정해진 호칭을 공유하는 것도 필요하다. 기관 담당자는 이용자와 요양보호사에게 그동안의 과정을 격려해주면 좋다.

호칭 정하기 과정은 상대에 대한 호의와 신뢰가 형성되는 데 큰 도움이 된다. 특히 요양보호사는 이용자에 대한 애정과 책임감이 높아지고 업무에 대한 자부심과 전문성이 강화된다. 이용자는 자신의 생각과 주장이 존중받는 경험을 하면서 삶의 생기를 느끼게 되므로 건강 유지에도 영향을 미친다.

이용자와 요양보호사가 민주적 대화를 통해 만든 호칭은 적절한 공적 거리를 유지시켜주고 과도한 업무를 함부로 시키지 않은 분위기를 조성하며, 상호존중을 실현하는 소중한 경험이 되게 한다.

★★★ 바로 실전 ★★★

- 목욕 지원 중 신체 및 피부의 건강함을 칭찬하면서 떠오르는 이미지와

맞는 단어를 이야기해봐요.
- 빨랫감을 정리하면서 별칭을 주제로 도란도란 이야기를 나눠 봐요.
- 말벗 시간에 어르신의 과거 이야기를 들으면서 가장 행복했던 시절을 공감하고 격려하면서 별칭에 대해 스스로 생각하게 하는 방법도 좋아요.

월 듣고 싶은 자신의 이미지와 이름을 생각해보기로 한다.
화 말벗 시간을 활용하여 현재까지 경험한 이용자의 이미지를 자연이나 사물 등을 놓고 의견을 나누기도 하고, 이용자가 살아온 역사, 행복했던 장면, 존경하는 인물, 사회에서 수행하던 직위 등에서 좋아하는 별칭 정하기 숙제를 드린다.
수 생각한 이미지를 함께 확인하고 별칭 초안을 여러 개 만든다.
목 정해진 여러 개의 별칭을 번갈아 불러보는 놀이를 한다.
금 이용자와 요양보호사의 별칭을 정하고 4주차 월요일부터 부르기로 한다.

4주차, 항상 조심해야 할 말말말

공적 언어의 중요성

말은 나를 나타내는 의사소통 방법이다. 말의 내용도 중요하지만 상대와 눈높이를 맞추고 그 사람의 마음을 이해하려는 몸짓은 진심을 전달하는 소통력을 지닌다. 또한 상대의 눈을 보며 말을 하는 습관은 현재 이용자의 건강 상태를 확인하는 방법이기도 하다. 몸과 마음의 불편함을 파악할 수 있는 맞춤 서비스는 성실한 요양보호사의 이미지를 만들어가며 어르신의 마음을 열게 하여 신뢰 관계 형성에 도움이 된다.

호칭이 중요한 것처럼 공적 언어는 요양보호사의 정체성을 지켜준다. 공적 관계에서는 공적 언어를 쓰는 것이 당연하다.

사적 대화 노노노

돌봄 관계에서는 말벗 서비스를 비롯하여 돌봄 서비스의 특성상 이용자의 사생활이 고스란히 드러난다. 이때 요양보호사는 공적 관계를 유지할 수 있는 적절한 선을 정해두고 대화를 이어가야 한다. 돌봄 서비스 상대는 친구가 아니다. 돌봄 관계일 때는 서로의 마음을 주고받은 관계지만 서비스가 종료되면 남이 된다. 이용자가 요양보호사의 사생활을 궁금해하더라도 사적 정보(부부관계, 사별, 이혼, 가족 직업, 경제력, 자녀, 손주, 친구, 동료 요양보호사 등)를 털어놓거나 사생활을 노출하는 것은 공적 관계 유지를 어렵게 할 뿐 아니라 돌봄 업무에도 도움이 되지 않는다.

요양보호사는 이용자의 집안 사정이나 가족갈등도 자연스럽게 알게 된다. 가족갈등은 요양보호사가 개입할 여지가 생기는데 이야기를 들어주는 것으로 역할을 끝내야 한다. 특히 고부갈등 현장은 요양보호사에게 쉽게 노출이 된다. 어르신은 며느리에 대한 서운함을 요양보호사에게 공감받기를 바라고, 며느리는 어려운 시집살이로 수십 년 참고 살아온 울화를 털어놓기도 한다. 때로 요양보호사가 가족의 갈등이 안타까워 도움이 되고자 양쪽을 중재하려 나서는 경우가 있다. 그러나 수십 년 묵은 가족 간 감정을 외부 사람이 다 알기는 어렵다. 갈등의 당사자들은 요양보호사를 상담자로 대하는 것이 아니고 자신의 속상함과 상황을 이야기하는 것일 뿐이다. 요양보호사는 갈등 관계를 해결하려 나서지 않도록 조심해야 한다.

만일 가족갈등에 깊이 공감하고 개입하고자 하는 마음이 생긴다면 자신의 상처가 투사된 것은 아닌지 자신을 들여다봐야 한다. 지나친 감정이입의 위험성을 경계하고 가족갈등 개입은 돌봄 업무가 아니라는 사실을 잊지 말자.

개인정보 노노노

요양보호사는 돌봄 업무 중 획득한 개인정보를 소중하게 다뤄야 한다. 여기서 개인정보란 어르신의 주민번호나 나이, 주소, 전화번호 등 인적사항뿐만이 아니라 사생활도 포함된다.

요양보호사가 돌봄 애로사항이나 돌봄 정보를 동료와 나누면서 이용자의 사생활에 대해 공유하거나 험담하는 경우가 있는데, 자신이 유출한 이용자의 개인정보는 나중에 부메랑이 되어 돌아올 수 있다.

동료에 대한 험담과 개인 사생활 유출도 마찬가지다. 확인되지 않은 개인정보가 문제의식 없이 함부로 오가는 분위기는 자신도 그 대상이 될 수 있다는 불안감을 갖게 하고, 동료들과 협력 관계를 형성하는 데 큰 걸림돌이 된다.

반말 노노노

현장에서 가장 많이 일어나는 오류 중 하나는 반말을 사용하는 것이다. 반말과 존댓말을 섞어서 사용하는 것도 마찬가지다. 반말이 관계를 편하고 가깝게 해준다고 생각할 수 있으나 말은 관계성을 드러내는 지표이다. 한번 반말을 시작하면 공적 관계가 유지되는 사회적 거리가 무너지고, 사적 관계로 넘어가는 빌미가 된다. 사적 관계는 유사가족 형태로 발전되고 요양보호사가 전문 직업인으로서 존중받지 못하는 결과를 가져올 수 있다.

반말 사용은 서로에게 지켜야 할 선을 없애면서 상호존중도 함께 없어진다. 허물없는 말투를 사용하는 것보다 서로 존중하는 표현으로 공적인 관계를 유지할 때 돌봄 관계가 더욱 돈독해진다. 서비스 이용자와 요양보호사의 관계는 돌봄 노동을 통한 사회적 관계임을 잊지 말아야 한다.

★★★ 바로 실전 ★★★

식사
"준비가 끝났는데 지금 드릴까요? 식사를 가져오겠습니다."

청소
"저는 지금부터 청소를 시작할게요. 약 ○○분이 걸릴 것 같습니다."

기저귀 교체
"속옷을 바꿀까요?(귀에 대고 작은 소리로 말한다.)"

목욕
"목욕 준비가 되었어요. 지금 하실래요? 오른쪽 소매부터 뺄게요."

아기 취급 노노노

돌봄 업무의 특성상 매일 씻기고 만지고 먹이고 입히고 쓰다듬고 이야기를 들어주는 과정을 반복하다 보면 육아 경험과 비슷한 감정을 느끼기도 한다. 온 마음을 다해 애정을 쏟았으니 각별한 마음이 드는 것은 당연하다고 생각할 수 있으나 어르신은 단지 쇠약해진 건강으로 인해 돌봄이 필요한 것뿐이다. 또한 돌봄이 필요한 노인일지라도 긴 세월 자신의 인생을 독립적으로 살아온 성숙한 어른이다. 어르신을 아기 취급하고 반말하거나 조언하는 실수를 하지 않도록 업무에 적합한 공적 언어를 사용해야 한다.

아기 취급은 단순히 언어적 표현만을 가리키는 것이 아니다. 인격적인 존중이 필요하다. 특히 기저귀 사용 등 수치심을 느끼지 않도록 조심해야 한다. 어르신에게는 되도록 기저귀 대신 다른 단어로 바꾸어 사용하는 세심한 배려가 필요하다. 존중은 단어 하나에도 표현이 된다.

또한 잘못을 지적하는 부정단어는 상대를 억압하고 수동적으로 만들 수 있다. 마음에 상처를 받으면 갈등 관계로 발전하기 쉽고, 상호존중의 틀도 유지하기가 어렵다. 부정어를 긍정어로 바꾸는 연습이 필요하다.

> **앗, 이것만은 안 돼요**
>
> "그렇게 하시면 안 돼."

"그건 틀렸는데요."

"그렇게 하지 말라고 몇 번이나 말했지요."

"아드님에게 전화할 거예요."

"따님이 그렇게 하지 말라고 했잖아요."

"가만 계셔. 제가 시키는 대로 해보세요."

"아유~ 냄새가 진동을 하네. 기저귀 갈게요."

"이거 지저분해서 버려야 돼요."

"(음식) 자꾸 흘리니까 내가 먹여드릴게."

"아유, 말을 잘 들어서 예뻐요."

"에고, 목욕시켜놓으니까 뽀송뽀송하고 예쁘네(궁디팡팡)."

"젊을 때 잘 나가셨겠어요."

말 가로채기 노노노

대화 도중 무심코 하는 행동으로 말 가로채기가 있다. 상대의 말에 호응하거나 지지를 한다면서 결국 자신의 이야기로 전환해버리고 어느새 대화를 주도하는 실수를 한다. 돌봄 업무 중에 어르신의 이야기를 듣는 것은 하나의 업무이며 지금은 전문 직업인으로서 근무 중인 것을 잊지 말아야 한다.

어르신 입장에서 생각해보면, 하루 3시간 함께 있는 시간 중 말벗을 할 시간은 그리 많지 않다. 어르신에게 오직 요양보호사가 유일한 말벗이라면 말 가로채기는 짧은 말하기 시간마저 뺏는 것이다. 격려하는 말과 말 가로채기를 구분해야 한다.

[어르신이 같은 이야기를 반복하는 경우]

어르신들은 같은 이야기를 반복하는 경우가 많다. 말을 반복하는 것은 노인의 특성이다. 치매가 아니어도 그럴 수 있다. 외부 활동이 없어지면 대화의 소재도 없어지고, 예전의 기억들로만 이야기하기도 한다. 그러나 오늘 이야기가 전에 했던 이야기와 내용은 같아도 오늘의 감정과 분위기로 새로운 이야기를 하는 마음인 것을 이해해야 한다. 누구라도 대화 상대가 필요하다.

 꿀팁 한 스푼

같은 이야기를 반복한다고 민망하게 하기보다 다른 얘깃거리에 대한 정보를 접할 수 있는 방법을 찾아보고 새로운 경험과 만남이 이루어지도록 도움을 드리자.

성희롱 노노노

성희롱은 현장에서 즉시 반응하는 것이 필요하다. 상대의 눈을 똑바로 보면서 단호하게 "아니오."라고 할 수 있어야 한다. 당황한 나머지 자리를 피하는 것은 문제를 해결할 수 있는 타이밍을 놓치는 결과를 가져올 수 있다. 기관과 논의하는 것은 이와 같은 대응 이후에 진행해도 늦지 않다.

유사가족의 분위기를 만들지 않고 호칭 등 공적인 관계를 형성하면 성희롱 등의 문제를 사전에 예방하는 데 큰 도움이 된다. 하지만, 현장에서는 생각지 못한 일들이 발생하기도 한다. 업무 수행 중 일어나는 어려움은 기관과 의논하면서 함께 해결하도록 하자.

★★★ 바로 실전 ★★★

정색을 하고 눈을 똑바로 본다
"이 행동은 불쾌해요. 성희롱인 거 아세요? 이렇게 하지 않으셨으면 좋겠습니다."

경고라는 것을 밝힌다
"이건 분명히 성희롱이라고 느꼈어요. 만일 한 번 더 하시면 녹음을 할 수도 있고, 사진을 찍을 수도 있어요. 건강보험공단에 보낼 겁니다. 가족에게도 보내고 기관에도 이야기할 겁니다."

건강하고 지속적인 돌봄을 위하여

슬기 씨는 동료 요양보호사들과 돌봄 서비스 현장에서 부딪히는 다양한 사례를 나누고, 건강하고 지속적인 사회적 돌봄을 위해 한 발 더 나아가야 할 부분이 무엇인지 고민하는 시간을 가졌다. 다음 현장 사례를 토대로 함께 고민해보자.

어르신의 반려동물 때문에 고민입니다

슬기 씨는 강아지를 키우고 있는 어르신 댁에 갈 수 있느냐는 기관의 연락을 받았다. 집에서 반려동물을 키우고 있진 않지만 동물에 대한 거부감은 없기 때문에 가능하다고 하였다.

유○○ 어르신은 81세로 고혈압, 당뇨, 고지혈증을 앓고 계시다 뇌출혈로 쓰러져서 지금은 편마비가 있고 거동이 불편하다. 방 두 개와 주방이 있는 거실에 화장실 하나가 있는 반지하 집에서 어르신은 삐삐(개)와 함께 살고 있다. 잠도 함께 자고 밥상에서 밥도 함께 먹는다. 어르신에게 삐삐는 소중한 자식이다.

처음에 슬기 씨는 주말이 지난 월요일 어르신 댁에 가는 것이 두려웠다. 어두운 계단을 내려가서 어르신 댁 문을 열고 들어가면 확 덮치는 냄새에 숨이 멈춰졌다. 화장실과 집안에 온통 개털과 배설물 흔적이다. 문을 열어놓고 싶어도 개가 밖으로 나간다며 못 열게 한다. 목줄을 사용하시라고 부탁드리면 강아지와 함께 방에 들어가 방문을 닫아버려서 전체 집안 환기를 하기도 어렵다.

어르신은 혼자 개 목욕을 못 시킨다고 슬기 씨에게 해달라고 한다. 슬기 씨는 개를 만지는 건 무서워서 못한다고 거절하는데 갈수록 개 냄새가 심해졌다.

퇴근 후 집에 돌아오면 입었던 옷마다 개털이 묻어있어 밖에서 털고 손세탁을 했다. 세탁기를 사용하면 가족들 옷에도 개털이 묻을 것 같았다. 그래도 두 달은 참고 일했는데 재채기를 시작으로 피부병까지 생겼다. 병원에 가서 개 알레르기 검사를 하고 약을 처방받고 나서 슬기 씨는 많은 생각이 들었다. 어르신의 외로움도 이해되고 개를 싫어하는 건 아니지만 더 이상 일하기는 어렵다고 판단되었다.

슬기 씨는 이번 일을 겪으며 이제 반려동물과 함께 생활하시는 어르신 돌봄에 대한 요양보호사 업무지원 범위를 고민해야 할 시기가 되었다고 생각했다.

점차 반려동물과 함께 하는 어르신들이 많아지고 있다. 반려동물은 혼자 사시는 어르신에게 우울감이나 불안감을 해소하고, 어르신의 운동량도 많게 하여 어르신 건강에 도움이 된다.

반려동물과 함께하는 어르신들이 안정된 생활을 할 수 있도록 어르신 가정에 등록된 반려동물에 대한 먹이 등 비용 지원, 반려동물 관리사들의 정기방문 관리, 어르신 부재 시 반려동물 수용비용 지원이 되면 큰 도움이 될 것 같다.

또한 요양보호사가 반려동물을 돌봐야 하는 경우 1일 30분 추가급여를 지급하는 것은 어떨까? 방문요양 시간에 반려동물을 돌보다 보면 결국 어르신 돌봄에 소홀하게 된다. 어르신에게도 충분한 돌봄이 제공되고, 요양보호사에게도 정당한 노동을 인정하는 방안이 필요하다.

몇 년 전 돌아가신 어르신을 생각하면 지금도 눈물이 나요

슬기 씨는 부부인 두 분의 어르신을 만나 7년을 돌봐드렸다. 그리고 몇 달 새 두 분과 사별하게 되었다. 이후 5~6년이 지났는데도 그분들을 생각하면 눈물이 나고 가슴이 아려온다.

아내인 김○○ 어르신이 뇌졸중으로 쓰러지자 남편 신○○ 어르신은 온갖 정성으로 아내를 돌봤다. 생활 형편이 어려워 기초수급비와 폐지를 주우며 생활하다 쓰러진 아내가 너무 안쓰럽고 미안하여 신○○ 어르신은 간암이 진행되도록 본인의 건강과 자신은 돌보지 못했다.

김○○ 어르신은 1등급 와상 상태로 밀을 못하고 위관영양을 하는데 슬기 씨의 방문요양시간 이후에는 신○○ 어르신이 전적으로 돌봐야 했다.

신○○ 어르신은 제철 과일을 일일이 즙을 내어 맑은 물로 만들어 주사기로 넣어 드렸다. 수박이나 토마토를 거르고 걸러 단물은 아내에게 드리고 본인은 짜고 남은 건더기에 설탕을 조금 넣어서 드셨다. 김○○ 어르신의 기력이 떨어진다고 경동시장에서 최상품의 인삼을 사서 대추 넣고 푹 다려 드리고 본인은 한 방울도 안 드셨다. 와상환자를 일으키고 세우는 운동을 지속하셨고 주말에도 침상이나 김○○ 어르신의 위생 상태를 항상 청결하게 관리하셨다.

신○○ 어르신도 장애가 있어서 노인돌봄기본서비스*를 받고 있는데 오로지 아내의 회복을 위해 최선을 다하다 몇 번이나 길에서 쓰러지기도 했다.

2남1녀의 자녀들은 본인들이 필요할 때는 왔지만 정작 두 분의 돌봄에는 큰 관심이 없었다. 어려운 생활과 다른 사람의 돌봄이 필요한 두 분이 주변의 별다른 도움 없이 서로를 위하고 의지하며 살아가는 모습을 슬기 씨는 거의 매일 방문하여 7년을 함께해왔다.

두 분이 돌아가신 상황을 생각하면 더욱 가슴이 아프다. 김○○ 어르신이 입퇴원을 반복하다 퇴원한 어느 날, 회복이 되는 듯해서 슬기 씨가 목욕을 해드리고 돌아왔는데 그날 밤에 돌아가셨다. 신○○ 어르신은 아내와 사별 후 건강이 악화되어 병원에 입원하셨다. 슬기 씨가 병문안을 갔을 때는 괜찮은 것 같았는데 그 다음날 돌아가셨다. 섭년 넘게 아내를 돌보다 본인의 병이 깊어져 자신을 위한 시간은 갖

---

* 현재는 노인맞춤돌봄 서비스로 바뀌었다.

지 못하고 생을 마감하신 것이다.

병석에 오래 계셔도 죽음을 미리 예견하고 준비하는 것은 쉽지 않은 일이다. 병원에 입원하면 회복되어 나오실 거라 마음을 놓게 되지 곧 돌아가실 테니 준비하자는 마음은 들지 않는다. 슬기 씨도 두 분과 그렇게 이별을 하게 되리라 생각하지 못했기에 마음을 추스르기가 더욱 힘들었다.

슬기 씨는 부모님이 돌아가셨을 때와는 또 다른 힘든 시간을 보내야 했다. 요양보호사는 어르신을 매일 씻기고 만지고 먹이고 입히고 이부자리 갈아주는 등 손길이 닿고 마음을 주다 보니 아기를 키운 것 같은 감정이 있어 상실감이 더 큰 것 같다. 자신의 손끝에 아직 남아있는 어르신의 온기와 애틋하게 남아있는 감정을 달랠 시간이 필요했다.

슬기 씨가 다녔던 기관에서는 동료들이 위로의 말도 건네고 같이 문상도 가주었다. 또한 선배 요양보호사들은 슬기 씨의 7년 세월과 두 분 어르신들의 상황을 교감하고, 거의 일 년이 넘도록 매일 전화를 걸어 울어도 공감해주었다. 특별한 위로의 말보다 같이 밥 먹어주고 노래방에 가주고 여행을 가주었다. 선배 요양보호사들은 동료이자 언니이고 엄마 같은 존재였고 마음의 치유자였다.

슬기 씨는 어르신들과의 사별 후 더 이상 어르신을 돌보는 일은 못하겠다고 생각했다. 또 다른 어르신을 만날 엄두가 나지 않았다. 선배들은 "놀면 마음을 추스르지 못하고 더 방황해. 그러니까 어르신 돌보는 일을 계속하면서 저녁에 만나서 이야기하자."며 격려해주었다.

슬기 씨는 동료들이 끊임없이 지지해주고 기관에서도 서두르지 않고 다시 일할 수 있을 때까지 기다려주어서 지금도 요양보호사로서 어르신 곁에 있을 수 있다고 생각한다. 그러나 대부분은 어르신과 사별 후 애도 상실의 치유과정 없이 바로 다른 현장에 배치되는 경우가 많다.

함께 고민해봐요

슬기 씨는 요양보호사들이 마음 건강을 지키며 좋은돌봄을 실천할 수 있도록 '애도상실의 치유제도'가 마련되기를 희망해본다.

기관은 요양보호사의 상실감을 위로하고 돌아가신 분을 애도할 수 있도록 함께 조문하고 쉴 수 있는 시간을 주면 좋겠다. 기관에서 요양보호사 동료가 상담도 해주고 지지할 수 있는 체계가 있으면 치유하는 데 큰 도움이 될 것이다.

제도적으로는 5일 정도의 유급 장례휴가를 주어 회복할 수 있는 시간과 여유가 보장되면 좋겠다. '애도수당'을 지급하여 위로해주는 것도 방법이다.

상실감을 치유해주는 전문기관의 심리상담이나 1박2일 명상 프로그램 등 애도 상실 치유 프로그램을 상설화하여 지원하는 것이 필요하다.

슬기 씨,
치매를 부탁해

4장

"치매 돌봄은 상대방의 마음을 들여다보는 데서 출발한다.
무언가 '일'하려던 동작을 멈추고 가만히 차분하게
기분 상하지 않도록 조심하면서 상대방을 관찰해야 한다.
그 사람의 현재를 알고, '그 사람다움'을 유지하는 일이
치매 돌봄의 정수(精髓)이다."

- 허남재

치매에 대한 오해와 이해

슬기 씨가 이번에는 새로운 도전을 하기로 했다. 치매 어르신을 돌보는 일이다. 치매를 완전하게 이해할 수는 없겠지만 치매를 올바르게 알아보고 공감과 이해를 통해 치매 어르신을 도울 생각이다. 사람은 보통 경험을 통해 배운다고 하지만 경험에 대한 성찰을 통해서도 배운다. 슬기 씨도 치매 어르신을 돌보면서 자기만의 노하우와 경험을 쌓고, 경험을 바탕으로 자신을 성찰함으로써 한 걸음 더 성장해나갈 것이다.

치매, 어떤 병인가

치매는 노화 현상이 아니라 뇌의 질병이다. 정상적으로 생활해 오던 사람이 다양한 원인에 의한 뇌 손상으로 기억력, 언어력, 판단력 등 여러 영역의 인지기능이 떨어져서 일상생활에 상당한 지장을 주는 상태이다.

치매는 기억력 장애, 지남력(시간, 장소, 사람을 아는 능력) 장애, 언어능력 장애, 시공간 능력 장애, 실행능력 장애, 판단력 장애 등이 생긴다. 또한 망상과 의심, 환각과 착각, 우울, 무감동, 배회, 초조, 공격성, 수면장애 등이 생길 수 있다.

치매 단계별 증상

[초기 치매]

가족 등 주변인들이 어르신의 문제를 알아차리기 시작하지만 아직은 혼자서 지낼 수 있는 수준이다.

• 최근 기억의 감퇴가 시작된다.
• 음식을 조리하다가 불 끄는 것을 잊는다.
• 조금 전 말을 반복하거나 질문을 되풀이한다.
• 대화 중 정확한 단어 대신 '그것', '저것'으로 표현하거나 머뭇거린다.

• 관심과 의욕이 없고 매사에 귀찮아한다.

[중기 치매]

치매임을 쉽게 알 수 있는 단계로 어느 정도의 도움 없이는 혼자 지낼 수 없는 수준이다.

• 돈 계산 서툴다. 가전제품을 조작하지 못한다.
• 며칠인지, 몇 시인지, 어디인지 파악하지 못한다.
• 평소 잘 알던 사람은 혼동하지만 가족은 알아본다
• 대답 못 하고, 머뭇거리거나 화를 내기도 한다.
• 외출 시에 다른 사람의 도움이 필요하다.
• 집안을 계속 배회하거나 반복적인 행동을 거듭한다.
• 익숙한 장소인데도 길을 잃어버리는 경우 많다.

[말기 치매]

인지기능이 현저히 저하, 정신행동·신경학적 증상 및 신체적 합병증이 동반되어 독립생활이 거의 불가능하다.

• 식사, 옷 입기, 대소변 등에 있어 완전한 도움이 필요하다.
• 대부분의 기억이 소실된다.
• 배우자나 자녀를 알아보지 못한다.
• 혼자 웅얼거리거나 전혀 말을 하지 못한다.
• 근육강직, 보행장애, 거동이 힘들다.

• 대소변 실금, 욕창, 폐렴, 요도감염, 낙상 등으로 모든 기능 잃고 누워 지낸다.

치매에 대한 7가지 진실게임

치매에 걸리면 약도 없고, 불치병이다?   정답 : ✕

• 인지기능의 저하만 나타나는 경도 인지장애는 독립적인 생활을 유지할 수 있다.
• 알츠하이머 치매(노인성 치매)는 초기에 발견하면 약물치료로 증상이 악화하는 속도를 늦출 수 있고, 문제 행동의 발생도 줄일 수 있다.
• 혈관성 치매도 초기에 진단받으면 예방 약물의 사용과 생활습관의 변화를 통해 진행을 막을 수 있다.
• 경도 인지장애가 알츠하이머 치매로 진행할 확률은 정상인의 15~30배이다.

치매는 가족력과 유전력 영향이 크다?   정답 : ○

• 아포지질단백 유전자 검사 결과가 E4형이라면 알츠하이머 치매 위험이 2배 높다.
• 가족력으로 고혈압, 당뇨 등 대사성 질환이 있다면 주의해야 한다.

술 마시고 필름 자주 끊기는 사람은 치매 오기 쉽다? 정답 : ○

- 술을 많이 마시는 사람은 알코올성 치매에 걸릴 확률이 높다.
- 네덜란드 에라스무스 대학의 브레텔 박사의 연구에 따르면, 매일 1~3잔의 술을 마시는 사람은 술을 전혀 마시지 않는 사람에 비해 치매에 걸릴 확률이 절반 가까이 낮은 반면, 하루 6잔 이상 마시는 사람은 술을 전혀 마시지 않는 사람에 비해 치매 위험이 1.5배 이상 더 높다고 밝히고 있다.
- 적당한 음주는 치매 예방에 도움이 되지만 지나친 음주는 뇌 손상을 불러 알코올성 치매로 이어질 가능성이 높다.

잠꼬대 심한 사람은 치매 오기 쉽다? 정답 : ○

- 노인들의 경우 뇌세포가 손상되면서 수면을 담당하는 구역이 먼저 나빠진다.
- 손을 허우적대고 발길질을 하는 등 심한 잠꼬대가 일주일에 한 번 이상 반복되면 노인성 잠꼬대(렘수면 행동장애) 여부를 확인해야 한다.
- 노인성 잠꼬대는 파킨슨병을 포함한 퇴행성 뇌질환의 위험을 알리는 신호일 수 있다. 파킨슨병은 치매로 발전될 가능성이 높다.

잘 못 듣고, 냄새 못 맡고, 입맛 변했다면 치매 초기다? 정답 : ○

- 난청이 생기면 외부 환경과 단절되어 대화가 잘 이뤄지지 않아 치매에 걸릴 확률이 커진다. 청력 저하는 치매 위험이 약 2배,

중증도 이상 청력 저하는 4배 이상 위험하다.

- 후각 저하는 신경 퇴화나 영양소 부족이 원인이므로 치매 검사가 필요하다.
- 미각 저하는 뇌 전두엽 기능 이상이 원인일 수 있으므로 치매 검사가 필요하다.

고스톱 많이 치면 치매에 덜 걸린다?　　정답 : ○

- 머리로 계산하고 사람들과 지속적으로 대화하면 뇌 기능 퇴화를 예방할 수 있다.
- 규칙을 정하고 외우려는 활동이 뇌의 활성화에 도움이 된다.
- 종합적인 지적능력을 요구하는 놀이는 치매 예방에 좋다.

건망증 심한 사람은 치매 오기 쉽다?　　정답 : ✕

- 젊을 때 건망증은 뇌의 과부하가 원인이다.
- 나이 들어 건망증이 반복되면 기억장애를 의심해야 한다.
- 건망증과 치매 증상의 차이점은 갖고 있던 물건을 어디에 뒀는지 생각나지 않는다면 건망증이며, 가지고 있던 것 자체를 기억 못하면 치매이다.

치매 어르신의 내면세계

다음은 교육방송에서 제작한 다큐멘터리 〈치매를 기록하다〉의한 부분이다.[19] 손자 김선기 씨가 치매에 걸린 할머니와 교감하기 위해 14년 동안 할머니와 함께 살면서 쓴《나의 할머니, 오효순》(2020, 법인문화사)〉을 토대로 만들어졌다. 치매 어르신의 내면세계를 엿볼 수 있는 글이라 소개한다.

나는 1924년에 태어났어요.

일제 치하, 세상을 알기도 전에 나라를 잃은 설움을 먼저 겪었죠.

이십 대에는 6.25 전쟁이 나더군요.

하지만 내 인생에서 가장 힘들었던 순간은

마흔둘에 남편이 먼저 세상을 떠났을 때였어요.

6남매를 기르며 먹고 살기 위해 종일 삯바느질을 해야 했죠.

나는 꽃무늬를 참 좋아했어요.

옷도, 이불도, 덧버선도….

꽃 같던 나도 이렇게 늙어버렸네요.

처음에는 귀가 잘 안 들려서 이상하다고 생각했어요.

이제 정말 나이가 들었나보다….

그래도 혼자 씩씩하게 살 수 있을 거라 생각했어요.

6남매도 다 내 손으로 키웠는걸요….

어느 날은 첫째 아들과 며느리가 와서

이제 같이 살아야 된다고 그래요.

난 혼자가 편한데….

그래도 아들, 며느리 힘들지 않게 내가 밥도 해주고 집안 정리도
도와주면서 폐 안 끼치고 살아야죠.
다 큰 손주 녀석이 할미 때문에 불편할까 걱정도 돼요.
잠깐 다녀올 데가 있었는데….
문을 나서니 기억이 안 났어요.

자꾸 깜빡깜빡… 어떤 날은 애들 이름도 생각이 안나요.
내가 왜 이러지?
간밤에는 남편 생각이 나서 밤새 통곡을 했어요.
모르는 사람들이 나를 보고 울고 있어요.
나는 그냥 잠이 오는데 왜들 저러지?
'찰칵' 어떤 젊은 남자가 내 사진을 찍기에 화를 냈어요.
다 늙은 꼬부랑 할미 사진을 뭐 하러 찍는지 몰라요.
실컷 욕을 해줬는데도 또 왔네요.

어느 날은 사진을 갖다 주더라고요.
어디서 많이 본 청년이에요.
우리 아들을 닮은 것 같기도 하고….
갑자기 화가 나서 사진을 찢어버렸어요.
바쁜 사람 붙잡고 쓸데없는 짓을 하는지
바느질할 게 투성인데….
내가 이거라도 해서 삯을 받아야 애들 학교라도 보내죠.
그런데 자꾸만 잠이 오네요.

오늘은 날이 좋으니 빨래도 해 널고

남편이 오기 전에 저녁도 해놔야 하는데….

누군지는 몰라도 참 고마워요.

밥도 먹여주고 씻겨주기도 해요.

저 아주머니는 참 착한 사람이에요.

내가 신세진 건 갚고 가야 할 텐데….

시간이 얼마 없다는 게 느껴져요.

남편은 날 기다리고 있을까요?

난 이렇게 늙어버렸는데….

남편은 날 알아볼 수 있을까요?

치매 어르신과의 의사소통

치매 어르신 돌봄 원칙[*]

나이가 들거나 장애가 생겨도 사람은 누구나 평소 살아온 대로 자신이 살고 싶은 곳에서 하고 싶은 일을 하며 살 권리가 있다. 비록 기억력이 저하되었다 해도 최대한 자신이 원하는 대로 살 수 있도록 자립을 돕고, 질 높은 생활을 영위할 수 있도록 지원하는 것이 바람직하다. 그가 무엇을 할 수 있고, 어떤 기능에 어려움을 겪고 있는지 정확하게 파악해서 그 사람다운 생활을 할 수 있게 하고, 동시에 그

---

[*] 《엄마의 공책》(2018, 이성희·유경), 《할매할배, 요양원 잘못 가면 치매가 더 심해져요》(2016, 나가오 카즈히로, 마루오 타에코)와 《치매와 싸우지 마세요》(2017,나가오 카즈히로, 곤도 마코토), 《치매 케어 텍스트북III 개정판》(2018, 일본인지증케어학회) 등 책 속의 사례를 발췌했다. 이를 참조하여 치매 어르신을 대하는 태도와 소통하는 기술을 터득해보자.

가 할 수 없는 부분을 보충하는 방식으로 지원해야 한다.

치매 돌봄은 남은 삶을 존엄과 자존심을 지키며 살 수 있도록 돕는 것이 궁극적인 목적이다. 따라서 치매를 돌보는 사람은 무엇보다 치매 어르신의 '그 사람다움'을 존중할 수 있는 돌봄 기술을 익혀야 한다. 비록 그 행동이 치매 어르신을 위한 것이라 해도 일을 능숙하게 척척 해치우는 것이 아니라, 치매 어르신의 마음을 이해하고 공감하며 '그 사람다움'을 인정하는 태도가 필요하다.

돌봄은 센스가 중요하다. 센스를 매뉴얼화할 수는 없다. 만약 센스를 매뉴얼화한다면 "나는 매뉴얼대로 하는데 어르신이 매뉴얼대로 반응하지 않는다."고 불평하게 될 것이다. 치매 돌봄에서는 어느 하나의 정답을 찾기보다는 다양한 해답을 찾아 고군분투해야 한다. 한 가지 분명한 것은, 치매 돌봄의 중심은 치매라는 질환이 아닌 사람이라는 것이다. 이를 두고 '인간 중심 돌봄'*, '휴머니티드 돌봄'** 라고 부른다.

[어르신의 일상을 유지하도록 돕는다]

"제가 돌보는 어르신은 매일 계란을 한 팩씩 사와서 냉장고에 계란으로 넘쳐나 큰일입니다. 어떻게 하면 이걸 멈추게 할 수 있을까요?"

---

* 인간 중심 돌봄(person centered care)이란 '그 사람을 중심으로 한 돌봄'이란 의미이다. 치매 어르신을 존중하고, 그 사람의 시점과 입장에서 이해하고 돌봄을 행한다는 사고방식이다.
** 휴머니튜드 돌봄(humanitude care)이란 'human'과 'attitude'의 합성어로 프랑스의 이브 지네스티가 개발한 치매 돌봄법이다. 치매 어르신의 인격을 중요하게 여기는 휴머니튜드 돌봄은 보고, 말하고, 만지고, 서는 인간의 기본 특성을 활용해 돌봄 대상을 '환자'가 아닌 '인간'으로 대함으로써 단계적 적용을 통해 돌보는 방식이다.

"그분이 경제적으로 어렵나요?"

"그렇지는 않습니다."

"그럼 계란이 냉장고에 가득 차서 곤란한 사람은 누구인가요?"

"…"

"유통기한 체크는 우리 업무니까 괜찮지요? 매일 어르신에게 할 일이 있다는 것은 훌륭한 일입니다."

치매는 뇌 질환이기 때문에 일상생활에서 나타나는 증상이 뇌 기능과 밀접한 관계가 있다. 다행히 치매 어르신은 한 번에 여러 가지 능력을 다 잃어버리는 게 아니다. 사례 속의 어르신은 '계란을 산다'는 할일을 찾아 매일 잘하고 있다. 어르신이 '할 수 있는 일'을 찾아서 긍지와 자신감을 갖게 해주는 주변의 지지가 매우 중요하다.

['자립'을 소홀히 하지 않는다]

"나를 시설에 가두려고? 너한테 폐 끼치지 않을 테니 가만히 놔두라고. 물론 너랑 같이 사는 일도 없을 테니 안심하고."

"엄마 좋으실 대로 하세요. 맛있는 것 사 드시며 지내세요."

원래 집에서 밥을 해 드시는 것을 별로 좋아하지 않으신 어르신은 요일별로 식당을 정해서 매번 다른 메뉴를 골라서 식사를 하신다. 먹고 싶은 것을 먹는 것이 사람에게 가장 즐거운 일이라며 하루 한 끼 식사비용으로 만 원 정도 지출한다.

외출이 자유로워진 어르신은 자녀들이 놀랄 만큼 호전되었다. 날짜도 모르고, 본인의 나이도 모르지만 오늘은 어떤 식당에서 무엇을 먹을지 분명히 알고 있다. 좋아하는 조림이나 생선구이를 찾아 남김없이 먹는다.

[긍정적인 말과 태도로 대한다]

"노인들은 각자 자기 배낭을 메고 들어오는 사람들이에요. 노인들은 그 배낭을 풀 줄 모르니까 우리들이 풀어야 해요. 그래서 그 속에 뭐가 들어있는지, 그분의 남은 보물을 캐내는 즐거움으로 일해야 해요."

치매 어르신이 아주 조금이라도 무엇인가를 해냈다면 "이 정도 움직이면 충분해요. 대단해요.", "저를 위해서 해주시다니 고마워요."라고 말해준다.

치매 어르신과 소통하기 위해서는 마음을 다치지 않게 해야 한다. 가장 기본은 긍정적인 말과 태도이다. 어르신의 실수는 일부러 그러는 게 아니라 순전히 '병'으로 인한 것이니 야단을 치거나 비난해서는 안 된다.

치매 어르신은 지적인 능력은 떨어지지만 감정은 더 발달하고, 오래 살아온 본능으로 다른 사람 속은 더 빨리 알아챈다. 화를 내거나 아이에게 대하듯 야단을 치면 감정이 폭발하면서 공격적인 행동으로 나갈 수 있다. 또한 말할 때 높은 목소리로 빠르게 이야기하면 전혀 알아듣지 못할 뿐만 아니라 오히려 신경에 거슬려 화를 내게 되므로 차분한 말투로 대화해야 한다. 치매 어르신과의 말싸움 혹은 기싸움은 부질없는 일이다. 말뿐만 아니라 표정이며 몸짓, 손짓 등에도 감정이 들어가니 언제나 긍정적인 마음을 유지하자.

[치매 공부에 대한 목마름을 가진다]

"치매 어르신을 보면 어떤 때는 치매라는 게 믿어지지 않을 정도로 정확하고 또 어떤 때는 이상한 말씀이나 행동을 하시고, 또 어떤 사람한테 너무 심하게 못살게 굴다가도 또 다른 사람에게는 전혀 안 그러시고, 종잡을 수 없으세요."

"아침에 보면 등까지 흥건히 젖었는데도 '내가 안했어. 고양이나 강아지가 와서 오줌 싸고 갔네.' 하시며 당신이 안했다고 끝까지 우기세요. 당신이 했다고 해도 어련히 치워드릴까, 어르신이 거짓말을 자꾸 하니 속상해요."

치매 환자는 감정이나 감각이 민감해진다. 뇌에서 기억의 중추 역할을 하는 해마뿐만 아니라, 감정을 지휘하는 부분인 편도체라는 곳에서도 이상 증세가 생긴다. 알츠하이머 치매의 경우 해마가 가장 처음 손상을 입는 것으로 알려졌다. 편도체도 위축되지만 어떤 현상이나 사건은 잊어버려도 감정에 관련된 기억은 남아 있기도 하다.

곤도 마코토(일본 시 고령개호과 과장)는 치매 걸린 아버지를 집에서 부양했던 경험을 바탕으로 "개호(介護)가 아닌 쾌호(快護)"를 주창한다. 곤도 씨는 치매에 걸리면 기억을 전부 잃어버리니 상관없을 거라고 생각하기 쉽지만 실은 그렇지 않다면서, 몇 시간 전에 있었던 일을 금방 잊어버리는 자신에게 실망하고 두려워하고, 또 고독해진다고 한다. 개호 보험의 이념은 '자립 지원과 존엄 유지'에 있다. 자립 지원이란 본인이 무언가 하고 싶다는 감정을 잃어버리지 않고 끝까지 할 수 있도록 지원하는 것이다. 결국 치매 환자는 유쾌함과 불쾌함이라는 감정이 마지막까지 남는다. 본인의 마음을 유쾌하게 유

지할 수 있도록 돕는 케어, 즉 '쾌호(快護)'를 하기 위해 주변 상황이
아닌 치매 환자를 중심으로 돌봄의 패러다임이 변화해야 한다.

─── ◦◦◦ 현장 속으로 ◦◦◦ ───

◇

'그 사람다움'을 존중하는 돌봄

◇

슬기 씨는 두 분 모두 인지장애가 있는 노인 부부를 돌본다. 89세 남
자 김○○ 어르신은 학식이 높은 것에 대해 자부심이 강하다. 85세
여자 서○○ 어르신은 항상 남편의 식사 걱정이 많다. 슬기 씨는 두
분의 욕구에 맞는 인지활동과 정서지원에 대한 계획을 세워보았다.

슬기 씨의 주요 돌봄 계획

• 어르신이 공감하고 참여할 수 있는 인지활동을 모색한다.
• 부부의 정서적 유대감을 지속할 수 있는 활동을 모색한다.

슬기 씨는 김○○ 어르신에게 알맞은 인지활동을 찾기 위해 노래 부
르기, 퍼즐 맞추기 등 몇 가지를 제안해 봤지만 탐탁해하지 않았다.
어느 날 어르신이 한문으로 된 책을 읽는 모습을 보고 슬기 씨가 "저,
한자 좀 가르쳐 주실래요?" 하고 말하자 어르신은 흔쾌히 동의했다.
슬기 씨는 사자성어나 명언 등을 계속 질문했고 어르신은 여러 비유
를 들어 알려주며 자부심을 느꼈다. 가끔 오래된 사진첩을 보며 자랑
스러운 젊은 날의 이야기를 들어주는 것도 어르신의 자존감을 높이

고 즐겁게 참여하실 수 있는 인지활동이 되었다.

아내이신 서○○ 어르신을 처음 봤을 때는 환자 같지 않았다. 본인의 상황을 알리고 싶어 하지 않고 "내가 맨날 대청소 해놓잖아. 그래서 우리 집은 치울 게 없어.", "아버지 밥 차려 드려야 해."라는 말씀을 계속했다.

슬기 씨가 서○○ 어르신과 식사 준비를 같이하고 김○○ 어르신에게 서○○ 어르신이 하셨다고 말하자 뿌듯해 했다. 한 번은 슬기 씨처럼 염색을 해야 한다고 매일 미장원을 가자고 했다. 슬기 씨가 어르신께 어떤 염색약을 사용하는지 알아보고 원하는 대로 염색해드렸더니 더는 나가자고 하지 않았다.

슬기 씨는 거동이 어렵게 된 서○○ 어르신과 김○○ 어르신을 하루한 번, 한 침대에 눕게 한 뒤 손도 잡고 포옹하고 안아주도록 했다. 인지장애가 있고 누워서도 남편 밥을 차려야 한다는 서○○ 어르신의 아내로서의 마음을 공감하고 지지해주기 위해서였다. 두 분은 어색해하면서도 한 공간에서 호흡하면서 함께하는 시간동안 더없이 편안하고 행복해 보였다.

치매 어르신과 슬기로운 소통하기

누구나 그렇지만 치매 어르신도 무언가를 할 수 있다는 자긍심이 필요하고, 그 기쁨을 함께 나눌 사람이 있을 때 비로소 삶의 활기를 되찾는다. '치매니까 설명해줘도 모를 거야'라고 단정하고 돌보게 되면 치매 어르신은 어떤 상황이 벌어지고 있는지 모르기 때문에 더욱 불안과 혼란, 두려움을 느끼게 된다. 비록 치매에 걸렸다 해도 본인이 얼마나 소중한 사람이고 필요한 존재인지를 확인해주는 사람이 필요하다.

치매 어르신과의 의사소통 기술은 치매 돌봄에 있어서 아무리 강조해도 지나치지 않다. 치매 돌봄에서 좋은 의사소통은 의미만 교환하는 것이 아니라 깊은 유대감을 통해 서로 신뢰할 수 있는 존재임을 확인하는 단초가 되기 때문이다.

돌봄을 제공하는 사람은 돌봄을 제공하기 전에 치매 어르신과 좋은 관계를 형성하기 위한 시간을 확보해야 한다. 식사시간이 되었다고 해서 얼굴을 보자마자 "식사하세요."라고 말하거나 갑자기 "목욕탕에 들어가세요."라고 하는 등 처음부터 활동을 이야기해선 안 된다. "지금부터 어르신과 목욕하는 시간을 갖겠습니다."라고 정중하고 차분하게 말하면서 어떤 돌봄을 할 것인지 예측할 수 있도록 해야 한다. 말이나 표정, 몸짓을 통해 상대방이 동의한다는 것이 느껴지면 그때 돌봄을 시작한다. 불안해하거나 불쾌한 표정을 지을 경우에는 일단 중단하는 것도 중요한 돌봄 기술이다. 편안함을 주고 새로운 환경에 애정을 가질 수 있도록 친분을 쌓아가는 것이 중요하다.

또한 치매 어르신의 잔존 능력을 활용하면서 그가 할 수 있을 때까지 기다려주는 자세가 필요하다. 어르신에게 무엇을 할 것인지 자세하게 설명하고 기다려주는 자세는 치매 어르신의 삶의 가치를 인정하는 중요한 돌봄 기술이다.

[슬기로운 말하기]

- 칭찬과 격려하는 말을 한다.
- 자존심을 건드리지 말아야 하며 가르치려 들지 말고 이성적인 성인으로 대한다.
- 천천히 치매 어르신이 말하는 속도에 맞추어 말한다.
- 치매 어르신이 알아들을 수 있는 쉬운 단어를 사용한다.
- 짧은 문장을 명확하게 말한다.
- 구체적으로 말한다.
- 복잡한 판단이나 기억이 많이 필요한 사실을 물어보지 않는다.
- 대답은 충분히 기다린다.
- 치매 어르신의 대답이 틀렸다고 지적하지 않는다.
- 차분하고 안정적인 말투와 목소리 톤을 유지한다.

★★★ 바로 실전 ★★★

"천천히 느세요"
"뭔가 하실 말씀이 있으신가요?"
"하실 말씀이 있으시면 말씀해 주세요."
→ 상대의 기분을 배려하는 말이다.

"여기 앉으세요."
"손 씻으세요."
→ 이래라 저래라 하면 아무리 정중하게 표현한다 해도 거부감이 든다.

"안녕히 주무셨어요?"
"컨디션은 어떠세요?"

→ 상대에게 불편한 것은 없었는지, 무언가 걱정을 해주는 말이다.

"국 온도는 어떤가요?"
"식사량은 이대로 괜찮으신가요?"
"머리와 옷이 아주 잘 어울려요."
→ 걱정과 배려, 칭찬을 적절히 사용하는 소통기술이다.

[슬기로운 듣기]

• 편안한 눈으로 어르신 말의 속마음이 무엇인지 짐작해본다.

• 온화한 미소와 몸짓을 보인다.

• 자세를 치매 어르신 쪽으로 기울인다.

• 치매 어르신과 시선을 맞춘다.

• 가벼운 신체 접촉을 시도한다.

• 동작을 함께 이용한다.

• 오감을 모두 이용한다.

[슬기로운 소통기법]

• **경청 기법** : 고개를 끄떡여서 수긍하거나 "그래요?", "정말요?"
처럼 맞장구를 치며 상대의 말에 귀를 기울인다.

• **반복 기법** : 단기기억 장애로 인해 몇 번이나 똑같은 말을 반복
해서 하면, 말의 일부 또는 전부를 되물으면서 상대의 이야기

를 들음으로써 확인한다.

- **공감 기법** : 상대방의 기분에 맞춰 그 기분을 이해한다. 상대가 강한 불쾌감이나 슬픔 등을 느낄 때 이성적으로 생각하라고 충고하기 전에 먼저 공감해준다.

치매 어르신의 마음 읽기

치매는 보이지 않게 오랫동안 진행되어 오다가 비로소 겉으로 드러나기 때문에 치매 진단을 받았다고 해서 하루아침에 하던 일을 못 하거나 생각이 멈춰버리는 것이 아니다. 설령 사람들 앞에서 배변 실수를 하더라도 자존심이나 수치심까지 사라진 것이 아니라는 점을 잊지 말아야 한다. 다시 한 번 강조하지만 지적인 능력은 이전보다 못해도 감정은 끝까지 남아있다.

[치매 어르신은 우울과 감정실금이 생긴다]

치매는 우울증에서 시작하는 경우가 많지만, 다른 측면에서 보면 치매로 인해 우울해질 수도 있다. 내 안에서 무엇인가가 빠져나가고 사라져가는 것 같아 가뜩이나 불안한데 일상생활 속에서 무언가 자꾸 잊어버리고 실수를 하게 되면 우울해질 수밖에 없다. 치매진단 후 약을 복용하더라도 이것이 완치나 회복되는 게 아니라는 것을 눈치로 알고 있다. 앞으로 어떻게 될지 두렵고 막막하니 또 우울하다.

치매 어르신은 또한 심리적으로 혼란스럽고 기분이 쉽게 변하기 때문에 건강한 사람에게는 아무것도 아닌 일에도 서운하거나 눈물을 흘리기도 한다. 자신의 감정을 통제할 수 없어 사소한 일에도 웃음 혹은 울음이 나는 상태인 '감정실금(感情失禁)'이 생긴다. 요실금, 변실금이라는 말은 익숙하지만 감정실금이란 단어는 낯설 것이다. 실금이란 무의식적으로 혹은 의식적으로 조절이 가능한 생리적 반응이 어떠한 이유로 조절이 어렵거나 불가능해지는 상태를 뜻한다.

[치매 어르신은 자신을 정당화하며 고집을 부린다]

치매 어르신은 판단력이 떨어져서 종종 실수한다. 하지만 자신이 실수한 것을 인정하지 않으려 한다. 화를 내거나 엉뚱한 대답을 하거나 소리가 잘 안 들리는 척하며 딴청을 피우기도 한다. 본래의 성격이 치매가 진행되면서 더 강하게 나타날 수도 있고 본래는 그렇지 않으나 병의 진행으로 인해 다른 사람을 전혀 의식하지 않을 수도 있다.

치매니까 아무것도 몰라서 그런가보다 생각하지만, 정말 그럴까? 치매 환자가 도둑망상일 때는 무언가를 찾고 있는 상태이다. '물건이 없다＝누가 훔쳐갔다'가 되는 것이다. '물건이 없다'라는 것을 이해하지 못한다면 '훔쳐갔다'는 생각도 할 수 없다.

본인에게 불리한 것은 인정하지 않으려는 태도는 자기방어 본능이 강해졌기 때문이다. '물건이 없다 → 자신이 잃어버렸을 리 없다 → 누가 훔쳐갔다'가 되는 것이다. 어르신 입장에서는 중요한 물건이라고 생각해서 다른 사람 모르게 옮겨놓았는데 돌봐주는 사람이 그걸 찾아주면 그 사람을 범인이라고 생각해버리기도 한다.

[치매 어르신은 새로운 환경에 적응하기 어려워한다]

치매 어르신은 추억이 담긴 물건이나 자신의 손때 묻은 물건에 대한 애착이 많아진다. 평소 본인이 즐겨 쓰던 물건이나 익숙한 장소, 믿을 수 있는 사람에게 의존하는 마음이 보통 사람보다 훨씬 강하게 나타난다. 이사나 병원 입원, 요양시설 입소뿐만 아니라 방이나 침대를 옮길 때도 불안해하고 우울 반응을 보일 수 있다.

[치매 어르신은 잘 알아듣지 못하며 자신의 상태를 제대로 설명하기 어렵다]

치매 어르신은 자신이 원하는 것이나 자기 생각, 지금의 기분이나 느낌을 잘 설명하지 못한다. 아픈 것을 제대로 표현하지 못해 병이 많이 진행된 다음에야 알아차리는 경우도 있으므로 작은 변화에도 관심을 가져야 한다.

치매 어르신은 말과 행동이 다를 수 있고 매사에 반응이 느려지므로 주위 사람들이 속도를 맞추어야 한다. 이야기를 듣는 능력뿐만이 아니라 듣고 생각해서 대답하는 일도 시간이 걸리므로 재촉은 금물이다. 걸음이나 행동을 재촉하다 보면 스트레스를 받을 뿐 아니라 사고의 위험이 높아진다.

[치매 어르신은 감정이 있는 인격적인 존재다]

《정신은 좀 없습니다만 품위까지 잃은 건 아니랍니다》라는 책이 있다. 제목만으로도 치매 어르신이 얼마나 존중받기를 원하는지 알 수 있다. 치매를 앓고 있다고 해도 여전히 존중받아야 할 존재임은 자명하다. 노인은 맡겨지는 대상이 아니라 우리와 함께 살아가는 사회의 구성원임을 잊지 말아야 할 것이다. 기억은 사라지고 감정만 남아있어도 어르신의 현존 자체를 감사하고 존중해야 한다.

나이가 들면 주위의 도움을 받지 않고서는 살 수 없는 순간이 온다. 다른 사람을 볼 때마다 "고마워요." 하고 머리를 숙여야 하는 인생이 시작되는 것이다. 늘 주위에 '고마워요'라는 말밖에 하지 못하는 치매 어르신도 실은 '고마워요'라는 말을 듣고 싶어 한다. 스스로 감사를 받음으로써 인정받고 싶어 한다. 자신이 아직 쓸모 있는, 괜찮은 존재이기를 바란다.

★★★ 바로 실전 ★★★

치매 어르신의 문제행동에는 나름의 이유가 있다
치매 어르신의 문제행동에는 반드시 이유가 있기 때문에 그 마음을 있는 그대로 수용하려는 태도가 중요하다. 맨날 집에 가야 한다고 보따리를 싸는 어르신에게 여기가 집인데 도대체 어디를 가려고 그러냐고 야단치거나 큰 소리를 내기보다는 "저녁 드실 시간이 다 됐네요. 제가 차려드릴 테니 식사 먼저 하고 가시면 어떨까요?" 하면서 관심을 다른 데로 돌려본다. 이때 중요한 것은 어르신의 주의를 다른 데로 돌리는 것도 있지만 집에 가려는 어르신의 마음을 이해하는 자세이다.

치매 어르신이 혼자서 할 수 있는 일은 끝까지 할 수 있도록 지지한다
평소에 어르신이 잘하던 일이나, 좋아하는 일을 꾸준히 할 수 있도록 도와주면 기능이 최대한 유지될 뿐 아니라 어르신의 자존심도 지켜줄 수 있다. 스스로 할 수 있도록 돕는 방법 중 하나는 규칙적인 생활이다. 기상, 세안, 식사, 약 복용, 배변과 배뇨, 산책, 간식, 취침 등 하루 일과표를 만들어 스스로 생활을 유지하도록 돕는다.

치매 어르신에게는 간결하게 이야기한다

"밥은 밥솥에 있고, 국은 냄비에 있으니 데워서 드시고, 반찬은 냉장고에서 꺼내서 드세요."라고 하면 치매 어르신은 알았다고 대답은 하지만 사실은 이해하지 못해 하루 종일 굶기도 한다. 한 번에 한 가지씩 간결하게 이야기해야 한다. 또한 치매 어르신은 대부분 청력이 저하되기 때문에 조금이라도 더 잘 들리는 쪽이나 가까운 거리에서 이야기하는 게 좋다.

치매 어르신 가족과의 공감소통

긴 병에 효자 없다는 말이 있듯이 주돌봄자는 힘들고 지쳐 우울과 고독 속에 고립되기도 한다. 치매 어르신을 돌보는 가족은 자신의 건강도 잘 챙겨야 한다. 특히 주돌봄자는 치매 어르신을 장기간 건강하게 돌보기 위해 정신력과 체력이 필요하므로 자신의 건강을 챙기는 것을 미안해하지 말아야 한다.

《엄마의 공책》을 보면 치매 가족의 심리를 첫째 슬픔과 죄책감, 둘째 분노와 원망, 셋째 외로움과 소외감, 넷째 불안과 공포, 다섯째 회피와 외면, 여섯째 연민과 동정, 일곱째 우울과 무기력을 꼽고 있다. 요양보호사는 이러한 치매 가족의 심리를 이해하여 가족과 협업해야 한다.

치매 어르신 관찰 기록 공유 : 공감노트

요양보호사가 낮 동안 치매 어르신을 돌보다 퇴근하면, 저녁 시간에나 가족이 어르신을 돌보게 된다. 가족은 부모님이 하루 종일 어떻게 지내시는지 궁금할 것이다. 보호자와의 소통을 위해 '공감 노트'를 마련하고 어르신의 특징과 중요한 행동을 기록해두면 서로에게 큰 격려와 힘이 될 수 있다.

요즘엔 문자메시지 등을 활용하여 사진을 보내는 등 보호자와 소통하는 일이 많다. 그럼에도 손 글씨로 기록해둔 공감 노트는 훗날 요양보호사의 업무일지로서 유용하게 사용될 수 있다. "선명한 기억보다 흐릿한 기록이 더 낫다."는 말을 기억하자.

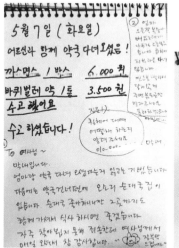

치매 증상별 돌봄 방법

망상 : 부정하거나 반박하지 말아요

망상은 자신이 피해를 입었다는 내용이 많고, 가족이나 돌봄 제공자를 탓하고 비난하는 형태로 나타난다. 그것을 부정하거나 반박하지 말고 공감하는 태도로 다가가야 한다. 어르신의 갑작스럽고 공격적인 언행에 반발하거나 어르신의 생각을 고치려 들면 의심이 더 강해진다.

망상이 나타났을 때는 차분하게 대응해야 한다. 먼저 어르신의 말에 귀를 기울이고 말하는 내용을 이해하려고 노력한다. 특히 함께 물건을 찾다가 발견했을 때 "제가 아니라고 했잖아요."라고 어르신을 질책하지 않도록 해야 한다. 도둑 망상은 치매의 한 증상이다.

망상이 아주 심하다면 항정신약물을 사용할 수 있다. 하지만 무엇보다 어르신이 불안감과 고독감을 느끼지 않도록 해야 한다. 지갑은 본인이 몸에 지니고 다닐 수 있게 해주고, 다른 사람이 어르신의 물건에 손대지 않도록 주의한다. 서랍에 이름표를 붙여서 물건이 어디에 들어있는지 분명하게 표시해두는 것도 좋다.

망상은 자신의 앞날에 대해 불안함을 느끼거나 고독감을 느낄 때 나타나기 때문에 가족들이 돌볼 것이라는 사실을 끊임없이 말해주면서 어르신이 안심할 수 있도록 도와야 한다.

--- ◦◦◦ **현장 속으로** ◦◦◦ ---

✧

공원에서 도시락통을 가져와 옷장 속에 보관해요[20]

✧

이○○ 어르신(86세)은 몇 해 전 남편과 사별하고 혼자 살다가 84세에 알츠하이머 치매 진단을 받은 뒤 딸 가족과 함께 살고 있다. 딸 가족과 살면서 어르신은 많이 안정되었고 수간보호센터와 방문요양을 받으며 지낸다.

1년 전부터 어르신은 공원에 나갔다 오면 매번 편의점 봉투를 들고 들어왔다. 딸이 무엇을 샀는지 궁금해서 물어보아도 "아무것도 아니야." 하며 자신의 방으로 들어갔다. 어느 날 어르신이 주간보호센터에 가 있는 동안 딸이 방 청소를 하다가 깜짝 놀랐다. 어르신의 옷장 속에 편의점 도시락통이 가득 쌓여 있는 것이다. 어르신이 집에 돌아오자 딸은 왜 여기 도시락통이 있냐고 물었다. 어르신은 아무 말도 하지 않고 그냥 옷장 문을 닫아버렸다. 딸은 화가 나서 그 통들을 전부 갖다 버렸다.

어르신은 그 이후에도 계속 공원에 가서 도시락통을 가져왔고, 딸은 화를 내며 그것을 빼앗아 버리곤 했다. 딸이 그럴수록 어르신은 이전보다 더 많은 플라스틱 상자나 페트병을 모아들였다. 어떤 것들은 음식 찌꺼기가 그대로 남아있기도 했다.

화가 난 딸은 어르신이 외출했다가 돌아오기를 집 앞에서 기다렸다가 가지고 온 것을 빼앗으려 했다. 어르신은 "도둑이야! 경찰 아저씨, 도둑 잡아!"라고 소리치며 주변 사람들에게 도움을 청했다. 딸은 이런 어르신의 모습에 큰 충격을 받고, 요양보호사인 슬기 씨와 어르신의 상태에 대해 의논하게 되었다.

슬기 씨의 주요 돌봄 계획

1. 딸 입장에서는 다른 사람이 먹다 버린 도시락통은 쓰레기이고, 그것을 집에 가 져오는 것 자체가 말이 안 된다고 생각했기 때문에 감정적으로 대응했을 것이라고 이해했다.
2. 어르신의 입장에서는 도시락통이 쓸 만한 물건이므로 보관할 가치가 있다고 생각해서 가져온 것인데 딸이 빼앗아가므로 폭력적으로 반응한 것이라 추측했다.
3. 어르신의 행동은 변화시키기가 어려우므로 딸과 의논하여 도시락통을 깔끔하게 씻어 어머니 옷장에 보관하기로 했다.
4. 어르신은 전처럼 공원 산책을 계속하고, 빈 통을 주워오더라도 본인이 원하는 대로 그냥 두기로 했다.
5. 어르신이 집을 비운 사이 너무 더럽거나 많아진 도시락통은 치우고 어르신께는 아무 말 하지 않기로 했다.

슬기 씨의 도움으로 딸은 어르신의 행동에 대해 무관심한 듯 지낸다. 어르신은 여전히 편의점 비닐봉지에 도시락통을 넣어 가져오지만 깨끗하게 씻어져 있다.

수집은 치매 어르신의 강박행동 중 한 증상으로 이것을 중단시키기는 어렵다. 하지만 일반적인 강박증 환자와는 다르게 치매 어르신은 자신이 조금 전에 무엇을 했는지 기억하지 못하는 경우가 많다. 따라서 어르신이 집을 비운 사이 심하게 더러운 물건들은 처분하는 것도 하나의 방법이다.

슬기 씨의 대처가 효과가 있었던 것은 어르신이 도시락통을 보관하던 그대로 제자리에 두었기 때문이다. 다만 딸이 깨끗하게 씻어서 두자 어르신도 도시락통을 깨끗하게 해야겠다고 생각했을 것이다.

배회 : 나름의 이유가 있어요

가족이나 돌봄 제공자에게는 배회가 목적 없이 돌아다니는 것처럼 보이지만 본인은 분명 어떤 목적이 있어서 움직이는 것이다.

과거에 살던 집을 찾기 위해 돌아다니는 것이라면 어르신에게 설명하려고 애쓰기보다 "배고프니까 우선 여기서 식사하고 같이 저랑 같이 가요", "오늘은 버스가 끊겼으니 내일 함께 가요" 등의 말로 주의를 돌린다. 또는 함께 나가서 집 주변을 한 바퀴 돌고 오면 기분이 풀어지기도 한다.

환경이 바뀌어서 긴장했거나 어떤 일에 실패해서 흥분하거나 불안을 느낄 때도 배회가 나타난다. 이때도 말로 설명하기보다는 주변을 안정적이고 따뜻한 분위기로 만들어주고 시간을 두고 지켜본다. 편안하고 익숙한 환경에서 친밀한 사람이 곁에 있어 주면 더 좋다.

배회의 원인이 무엇이든 어르신의 언행을 강하게 반대하거나 설득하려 들지 말고 먼저 어르신의 기분을 이해하는 것이 중요하다.

▬
섬망 : 밝고 따뜻하게

섬망에는 두 종류가 있다. 하나는 환각이나 망상 등 이상 체험으로 인해 불안과 흥분이 나타나는 활동성 섬망이고, 하나는 밤새 조용히 돌아다니거나 옷을 옷장에 넣다 뺐다 하면서 감정이나 심리 상태가 침체되는 비활동성 섬망이다.

두 가지 모두 밤에 나타나기 때문에 주변 사람들을 잘 수 없게 만든다. 동물이 있다거나 울음소리가 들린다고 호소할 때, 아무리 말해도 전혀 듣지 않기 때문에 대응하기가 무척 어렵다. 이럴 때는 방을 밝게 하고 차를 마시게 하거나 단 음식을 권해서 기분을 풀어주어야 한다.

섬망은 보통 질병이 있을 때 나타나기 때문에 건강 상태를 확인하고 다정하게 대화를 나누거나 스킨십을 통해 어르신에게 안정감을 주어야 한다. 필요하다면 항정신약물이나 항불안제, 수면제 등을 적절하게 사용하는 것도 도움이 된다.

식사행동장애 : 입맛이 변했어요

식사행동 이상은 뇌의 장애와 말초신경 장애에 이르는 다양한 기능 장애와 관련되어있다고 추측할 뿐 원인은 분명하지 않다. 알츠하이머 치매는 진행 정도에 따라 특징적인 식사행동 이상이 나타나는 경우가 있다. 초기에는 기억과 판단력이 떨어져서 밥 짓는 순서를 혼동하거나 미각, 후각 변화에 따른 기호 변화 등이 눈에 띤다.

치매 어르신의 과식은 음식 기호가 바뀌는 것부터 시작된다. 원래 고기나 튀김 등 기름진 것을 좋아하지 않던 사람이 그것을 찾아다니며 먹거나 다른 것을 전혀 먹지 않고 한 가지 음식만 계속 먹는다. 또 몇 번이나 밥을 달라고 하고, 더 주지 않으면 훔쳐 먹거나 음식을 찾느라 온 집안을 뒤지기도 한다.

과식을 막으려고 음식을 제한하면 더욱 음식에 집착하게 되고, 먹지 못하게 할수록 더 강한 반발 행동이 나타난다. 밥을 먹은 뒤 음식을 더 달라고 하면 일단 "네, 알겠어요."라고 대답한 뒤 상황을 지켜본다. 또는 "밥 먹기 전까지 이걸 드시고 계세요."하고 차와 과자를 조금 주기도 한다.

이와 같은 식사행동 이상은 치매가 중등도에서 고도로 진행될 때 주로 나타난다. 상태가 더 심해지면 음식을 인지할 수 없게 되어 치약, 비누, 샴푸 등 음식이 아닌 것을 먹거나 아예 음식을 거부하기도 한다.

이식에 대해서는 아직 효과적인 대응책이 없다. 알츠하이머 치매에서는 비교적 고도인 경우에 나타나며 질책이나 설득, 지시 등이 전혀 소용없다. 가정에서 주로 이식하는 대상은 냉동식품, 조리가 되지 않은 음식, 담배, 알약, 액상세제, 비누 등 언뜻 보면 음식처럼 보이는 것들이다. 뭐든지 입에 넣고 보는 치매 어르신을 돌보는 일은 당황스러운 일이 많다. 따뜻하고 두툼한 수건을 손에 쥐어주면 그것을 입에 물고 있으므로 다른 위험한 것들을 입속에 넣는 것을 조금이나마 막을 수 있다.

[여러 가지 식사행동 이상]

- 다식(多食) : 한 번에 많은 양의 음식을 먹는다.
- 빈식(頻食) : 끊임없이 먹고 더 먹으려 한다.
- 과식(過食) : 다식과 빈식이 한꺼번에 나타난다.
- 도식(盜食) : 다른 사람의 음식을 훔쳐 먹는다.
- 이식(異食) : 비누, 나뭇가지 등 먹지 못할 것을 먹는다.
- 불식(不食) : 음식을 먹어도 소량만 먹거나 전혀 먹지 않는다.
- 거식(拒食) : 음식을 거부한다.

─ ◦◦◦ 현장 속으로 ◦◦◦ ─

✧

빈식 어르신의 식사관리는 이렇게

✧

89세 남자 김○○ 어르신은 혈관성 치매이며 혈압이 높고 계속 음식을 먹는 빈식 장애가 있어 배가 많이 나오고 변을 자주 보는데 여기저기 실수를 한다. 슬기 씨는 어르신의 식사와 배변관리를 위한 계획을 세웠다.

슬기 씨의 주요 돌봄 계획

1. 적정량의 식사 제공 및 식습관 변화
   - 정서를 지지하며 자연스럽게 식사량을 조절한다.
   - 균형 있는 식단으로 복부비만을 감소시키고 건강을 향상시킨다.

2. 배변 훈련으로 청결 관리
   - 식사량 조정으로 배변량을 감소시킨다.
   - 배변 훈련으로 개인위생 및 집안 청결을 유지한다.

김○○ 어르신은 젊은 시절부터 고기를 좋아하고 맛집을 찾아다니던 분이라 음식 섭취량을 줄이고 식단의 변화를 주는 것이 어려웠다. 음식의 종류와 식사량이 갑자기 줄어 허전함을 느끼지 않게 하고 균형 있는 식단을 자연스럽게 받아들이도록 하는 것이 중요했다.

다양한 반찬을 작은 접시에 한 가지씩 담아 여러 개를 놓고 시각적으로 푸짐하게 보이게 하면, 드시고 내놓는 빈 그릇이 쌓이는 것으로 만족감을 느끼는 것 같았다. 음식 양을 줄여나가면서 점차 나물, 채소를 곁들여 육식 위주의 식단을 벗어났다. 후레이크 등 달고 고소한 간식을 좋아하는데 1일 2회 규칙적으로 소량의 과일과 유제품 등으로 바꾸고 양과 가지 수를 줄여 나갔다.

처음 방문했을 때 온 집안에 냄새가 나서 살펴보니 화장실 미끄럼방지 매트 안에 변 찌꺼기가 그득 차 있었다. 매트를 뒤집어 닦고 햇빛에 말려 정리하고 어르신 배변 훈련을 시작했다. 항상 변 기저귀를 하지만 소변보러 화장실에 가실 때마다 "변 보실래요?" 묻고 자주 변기에 앉히는 등 배변을 유도했다. 변을 본 후 바로 부분 목욕을 하는 등 관리를 하자 어르신도 항상 청결이 유지되면서 집안의 냄새가 달라지기 시작했다. 과식이 줄자 변을 보는 횟수도 줄어들고 실수도 적고 복부 비만도 줄어드는 일석삼조의 효과가 생겼다.

요실금 : 실금의 원인을 찾아

실금이 나타나면 가족은 물론 치매 어르신 본인도 심한 수치심을 느끼고 심리적으로 충격을 받는다. 더러워진 속옷이나 대변을 옷장 속에 숨기는 등의 행동은 이러한 심리 상태를 말해준다. 가족들이 실금을 나무라거나 추궁하면 어르신은 점점 더 위축되고 오히려 상태가 악화된다. 마음을 차분하게 가라앉히고 재빠르게 뒤처리를 해주는 것이 중요하다.

실금 케어는 하루에도 몇 번이나 실시해야 하기 때문에 돌봄 노동자에게 큰 부담이 된다. 실금이 나타났을 때 무조건 기저귀를 사용하기보다는 먼저 실금의 원인을 잘 살펴보는 것이 필요하다. 주로 밤에 실금이 있었다면 복도에 불을 계속 켜두어서 화장실을 찾기 쉽게 해둔다거나, 문을 열어두어서 화장실 안이 바로 보이도록 해두는 게 좋다. 쉽게 벗을 수 있는 옷을 입게 한다거나, 배설 리듬을 파악해서 시간이 되면 바로 화장실로 유도하는 등 기저귀 사용 시기를 최대한 늦출 수 있도록 한다.

치매가 악화되면 언젠가는 어쩔 수 없이 기저귀를 사용해야 하는 시기가 온다. 누구나 그렇듯 치매 어르신 역시 기저귀 착용을 꺼린다. 따라서 어르신의 마음을 존중하여 수치심이 들지 않도록 배려하는 것이 중요하다.

기저귀를 갈 때도 속옷을 갈아입는다는 느낌을 받을 수 있도록 말이나 행동에 주의해야 한다. 여러 가지 케어용품을 알아보고 팬티형 기저귀 등 치매 어르신에게 잘 맞고 돌보기 편한 제품을 골라서 사용하는 것이 좋다.

치매 어르신의 사고 대처요령

낙상 : 방심은 금물

　노인에게 가장 많이 발생하는 사고가 낙상이다. 일상생활 수행 능력이 서하된 어르신은 평평한 바닥에서도 자칫 균형을 잃고 넘어질 수 있다. 이런 사고는 골절로 이어져 와상 환자가 될 위험이 높다.

　낙상사고에서 가장 주의해야 할 점은 '별문제 없을 거야.'라는 안일한 생각이다. 나이가 들면 뼈가 약해지기 때문에 조금만 힘이 가해져도 쉽게 부러진다. 특히 넘어지거나 떨어져서 머리에 타박상을 입었을 경우 외관상 특별한 이상이 없다 해도 뇌혈관에 문제가 생길 수 있으므로 치매 어르신의 상태를 꼼꼼히 살펴보고 의사에게 알린 후 진단과 지시를 기다려야 한다.

화재 : 안전차단기

치매 초기에는 기억력에 이상이 있다는 것을 본인이 느끼기 때문에 괴로워하거나 고민하는 경우가 많다. 스스로 이 문제를 해결해 보려 애쓰지만 점점 생활하기 어렵고 이런저런 실수를 하게 된다.

수돗물을 틀어놓고 외출하고 돌아와 보니 욕실에서 물이 흘러 거실까지 흥건해지기도 하고, 가스 불을 켜두고 외출해서 집안에 화재가 발생하는 일생일대의 큰 사고를 내기도 한다.

지자체 치매안심센터는 재가 치매 환자의 가정에 화재사고 예방을 위해 가스안전차단기를 무료로 설치하고 있으니 이를 적극 활용하길 권한다.

실종 : 배회구조 팔찌

치매가 진행되면 자기 집인데도 "우리 집에 갈래."라며 나가버리는 일이 자주 생긴다. 그럴 때는 일단 나가게 해주고 뒤따라 가다가 적당한 때 "조금 쉬었다 가세요." 하고 집으로 모셔와서 평소 좋아하는 간식을 권하여 주의를 환기하도록 한다. 하지만 몰래 나가버리는 경우가 있기 때문에 배회 감지기를 달거나 문을 열면 음악소리가 나게 하는 등 어르신의 움직임을 알아차릴 수 있는 여러 가지 방법을 찾아봐야 한다.

또 길을 잃었을 때를 대비해 이름, 전화번호, 주소 등을 옷 안쪽

에 적어두어야 한다. 전국의 보건소나 치매안심센터, 한국치매가족
협회 등에서 배포하는 배회구조 팔찌를 사용하는 것도 한 방법이다.

치매지원서비스 관련 기관

- 중앙치매센터 : 치매상담콜센터 1899-9988
- 한국치매가족협회 : 상담, 가족모임, 가족여행, 교육사업, 배회구조사
  업 02) 431-9963
- 한국치매협회 : 교육훈련, 치매원격진료사업, 인지재활, 홍보출판, 학
  술연구 02) 762-0710
- 국민건강보험관리공단 : 장기요양보험 관련 업무 1577-1000
- 중앙노인보호전문기관 : 노인학대, 노인안전체계 구축 등 1577-
  1389
- 지자체 정신건강복지센터 : 정신건강증진사업, 자살예방위기관리사업

힘내, 슬기 씨

5장

"갈등은 피할 수 없다. 다만 지혜롭게 극복할 뿐이다."

- 송영숙

슬기로운 갈등 예방

갈등에 대한 인식 및 관점 전환하기

요양현장에서 이용자와 요양보호사, 요양보호사와 보호자 관계에서 발생하는 수많은 갈등은 사실 없는 것이 이상할 만큼 흔하게 발생한다. 질병으로 인한 의심 증세부터 사실 왜곡으로 인한 오해와 편견, 제도이해 부족, 인격적 무시, 부적절한 언어 등 갈등은 무궁무진하다.

또한 갈등이란 도덕과 선악, 연령과 성별, 장소와 때, 사안의 경중을 가리지 않고 언제 누구와도 발생할 수 있다. 과연 우리는 갈등을 피할 수 있을까? 결론부터 말하자면 피할 수 없다. 다만 발생한 갈등을 얼마나 현명하게 잘 다루는지가 중요하다. 그동안 경험에서 획득된 갈등 상황과 결과를 참작해 그 빈도를 줄이거나 갈등이 발생하더라도 지혜롭게 극복해나갈 뿐이다.

관계에서 적당한 갈등은 서로를 긴장시키고 자신과 상대를 돌아보게 하며 상대에 대한 새로운 관심과 열정을 불러일으키기도 한다.

갈등의 진짜 원인 찾기

서비스 현장에서 발생하는 갈등은 대부분 이용자와 요양보호사 간의 감정적 불화 상태를 의미한다. 요양 현장에서 크고 작은 갈등을 겪으면서 요양보호사는 이용자가 자신을 무시하거나 싫어한다고 여겨질 때가 있다. 하지만 갈등은 질병이나 약물로 인한 의심과 우울감, 불규칙한 수면으로 인한 일시적 피로와 짜증 등 의료적인 문제일 수도 있고, 이용자의 비합리적 신념이나 급하거나 신경질적인 성격, 죽음에 대한 두려움, 가족에 대한 미안함 등 갈등의 진짜 원인은 매우 다양하다.

갈등 상황에서 겪게 되는 불편한 감정에 자신을 피해자로 만들거나 감정에 스스로 전복되지 않고, 이용자와 대화를 시도해 진짜 원인이 무엇인지 찾는 것이 갈등을 예방하는 지혜로운 방법이다.

갈등을 줄이기 위한 '규칙 정하기'

업무 범위 이외의 것을 요구하는 이용자에게 좋은 게 좋은 거라고 선한 마음으로 요구를 받아주면 시간이 지날수록 이용자는 고마워하는 마음은 없고 오히려 당연하게 생각한다. 뒤늦게 원래는 요양보호사가 하는 일이 아니라고 설명해보았자 이용자는 왜 진작 말하지 않고 지금까지 잘해오다 이제 와서 문제 삼느냐고 화를 낼 수 있다.

이와 같은 갈등은 규칙과 약속을 먼저 알리지 않은 채 경기를 한 것과 같다. 축구경기를 하다가 이기겠다는 마음에 발로 공을 차지 않고 손으로 공을 들고 골문으로 뛰어가는 상대 팀 선수가 있다고 해보자. 그에게 반칙을 선언하지 않은 채 얼마나 이기고 싶었으면 그러겠냐고 그냥 놔두었다가 막상 패배를 겪고 나서 불공평한 규칙이니 승복할 수 없다고 항의한 꼴이다. 우리가 축구경기를 보고 승리에 환호하고 패배에 박수를 보낼 수 있는 것은 서로 합의된 규칙을 잘 지키며 최선을 다하고, 경기 중에 서로 몸싸움이 일거나 상대 팀에 미운 감정도 늘더라도 끝까지 경기를 이어가기 때문이다.

갈등 상황은 느닷없이 닥치는 일 같지만 사실 예측되는 경우가 더 많다. 업무 범위 이외의 요구를 해왔을 당시 말하기 불편하더라도 업무 범위에 대해 알려주고, 서로 기준을 정하지 않으면 힘들어질 수 있음을 이용자에게 설명해야 한다.

어쩔 수 없이 업무 이외의 일을 해야 한다면 그 정도와 범위를 함께 정하자고 제안하고 시간을 갖고 점차적으로 서비스 요구를 줄이는 방향으로 계획을 설계해나가야 한다.

슬기로운 갈등 피하기

흥분하며 반응하지 않기

갈등을 접했을 때 중요한 태도는 자신이 느끼는 부정적 감정을 성급하게 이용자에게 투영하지 않는 것이다. 의심받을 때의 억울함, 오해로 인한 답답함, 일 못하고 능력 없다는 낙인, 무시당했다고 느껴지는 불편한 감정들은 갈등의 원인이 아니라 자신의 마음 상태이다. 그런 마음을 드러내는 것으로는 문제를 해결하지 못할 뿐 아니라 오히려 서로의 감정을 악화시켜 갈등의 회복을 저해할 수 있다.

이용자가 요양보호사를 의심하는 상황이라고 해보자. 의심받는 것이 싫어 자신의 억울함을 강도 높여 이야기한다고 해서 금세 의심을 거두지는 않는다. 오히려 감정적 격론은 또 다른 갈등을 불러일으키고 회복 불가능한 관계에 이르게 할 수 있다. 갈등 상황에서는 감정으로 응대하지 않고 사실과 상황을 충분히 확인시키고 오해하지 않도록 당부하는 것만으로도 당장은 최선의 해결일 수 있다.

대면 상황을 잠시 벗어나기

갈등 상황에서는 서로 감정이 격해져 서비스를 이어가기 곤란한 상태에 놓이기도 한다. 이런 경우에도 일방적으로 서비스를 중단하지 말고, 가능한 대면 상황을 벗어나 거리두기를 시도하는 것이 필요하다. 갈등의 주요 문제에 대한 대화 중단을 요청한 뒤 물건을 사러 잠시 나갔다 온다든지 빨래나 음식조리 등 이용자와 마주하지 않고 할 수 있는 일을 하는 것이 좋다.

만일 갈등으로 서비스 진행이 어렵다고 판단되면 근무지를 이탈하지 않은 상태에서 이용자와 거리를 둔 채 기관에 방문이나 개입을 요청해야 한다.

동기와 원인 구별하기

갈등 상황에서 가장 어려운 것은 진짜 원인을 인식하는 것이다. 갈등의 진짜 원인이 잘 보이지 않는 이유는 갈등의 동기와 원인을 구분하지 못한 채 문제에서 파생된 부정적인 감정에 스스로 전복되기 때문이다.

만일 아침에 설거지하고 출근하려는데 밥공기가 떨어져 깨지는 일이 생기면 혹시 오늘 좋지 않은 일이 생기는 것은 아닐까 불안했던 경험이 있을 것이다. 이용자가 그런 일을 겪었다면 그 불안은 하루 종일 이용자를 괴롭히고 누군가에게 전가시킬 수만 있으면 전가시키고 싶은 불편한 감정에 빠져있을 수 있다. 그런데 마침 이용자가 아끼는 컵이 깨져 있다면 갈등의 원인은 불안이지 깨진 컵이나 의심이 아니다.

이용자가 솔직히 불안하다고 먼저 이야기했다면 요양보호사는 이용자를 위로하며 아무 일 없을 거라 안심시키려 노력했을 것이다. 혹은 평소와 다르게 자신을 대하는 이용자에게 요양보호사가 차분히 대화를 시도하며 안정을 시켰다면 이용자는 자신의 불안감을 털어놨을지 모른다.

관계가 악화되길 원하는 사람은 아무도 없다. 갈등의 본질적인 원인을 인식하지 못하면 이용자의 불안감은 해방구를 찾지 못해 더 세고 더 아프게 상처 주는 방식으로 커져갈 것이고 요양보호사는 마음이 상할 대로 상해 자신의 감정을 배설하며 갈등을 증폭시키게 된다.

의심 받아서 속상해요

슬기 씨는 일주일 전부터 4등급 진○○ 어르신을 돌보기 시작했다. 현관에 들어서니 어르신 댁 거실과 방이 어수선하게 어질러져 있다. 어르신은 뭔가를 찾는 일에 집중하느라 슬기 씨가 온 것도 모르고 있다.

슬기 씨 : 어르신, 무엇을 찾고 계세요?
어르신 : 친구가 선물로 준 비옷이 없어졌어.
슬기 씨 : 어떻게 생겼는데요?
어르신 : 혹시 자네가 가져간 거 아닌가?

슬기 씨는 당황스러웠지만 차분하게 말씀드렸다.

슬기 씨 : 저는 어르신 댁에 온 지 이제 일주일째고 그동안 비 온 날이 없어서 비옷이나 우산을 꺼내본 적이 없어요.
어르신 : 그럼 전에 오던 박○○ 요양보호사가 훔쳐 갔을 거야. 훔쳐 간 게 아니면 없을 리가 없잖아!

어르신이 의심을 거두지 않자 슬기 씨는 사무실에 전화해서 상황을 설명하고 어르신을 바꿔드렸다. 어르신은 다짜고짜 소리쳤다.
어르신 : 그 박○○ 씨가 내 우비를 가져간 게 확실한 거 같으니 당장

갖다 놓으라고 해요.

슬기 씨는 어질러진 집안을 치우면서 계속 비옷을 찾았으나 보이지 않았다. 서비스 시간 180분 내내 비옷을 찾는 어르신을 진정시키느라 밥만 겨우 차렸다.

기관에서는 어르신을 돌보았던 박○○ 요양보호사에게 전화해서 비옷을 가져갔다는 의심을 받고 있으니 근무가 끝나는 대로 어르신 댁에 방문하여 같이 찾아보자고 제안했다. 박○○ 요양보호사는 흔쾌히 동의했다.

박○○ 요양보호사와 기관 담당자는 진○○ 어르신댁 현관문을 들어서자마자 가방을 신발장 위에 나란히 올려두고 어르신 방으로 들어가 자초지종을 들었다. 담당자는 우선 어르신을 안심시키고 박○○ 요양보호사와 함께 비옷을 찾아보자고 하였다.

박○○ 요양보호사는 상통에 비닐 가방을 모아두는 어르신의 습관이 생각났다. 장롱 속 비닐가방 뭉치를 꺼내어 살펴보니 그곳에 비옷이 접혀져 있었다. 어르신은 화들짝 놀라며 무안해했다. 5,000원 정도면 살 수 있는 흔한 비옷이지만 작년에 죽은 친구가 준 마지막 선물이라서 소중히 간직했던 거라고 했다. 갑자기 생각이 나서 찾았는데 보이지 않아 요양보호사를 의심하게 됐다고 미안해했다. 어르신의 사과로 의심받은 상황은 잘 마무리되었지만 슬기 씨도 박○○ 요양보호사도 씁쓸한 것은 어쩔 수 없었다. 기관에서는 언제든지 발생할 수

있는 일이니 월 간담회에서 사례를 공유하고, 현장에서 의심받을 때
어떻게 대처할지 논의해보자고 했다.

[요양보호사와 이용자의 감정 상태]
- **요양보호사** : 당황, 서운, 억울, 도둑 낙인, 자존감 상실
- **이용자** : 불안, 초조, 괘씸, 화남

[의심받게 됐을 때 갈등 해결방안]

분명 있어야 할 물건이 없어지면 누군가를 의심하게 되는 것은
흔히 있을 수 있는 일이다. 그런데 왜 기분이 나쁘고 갈등으로 쉽게
이어질까? 각자의 부정적 감정이 앞서기 때문이다. 도둑 취급해서 억
울하고, 의심하니 서운하고, 남의 물건이나 훔치는 사람으로 낙인될
까 두렵다. 요양보호사로 일한다고 무시한다는 생각도 든다.

의심을 받았을·때 갈등을 만들지 않고 해결하는 방법은 우선 나
를 사로잡고 있는 부정적 감정에서부터 벗어나는 것이다.

자신을 피해자로 만들지 않기

갈등 상황에서 요양보호사가 자신이 피해자라고 생각하게 만드
는 두 가지 강박적 관계 프레임이 있다.

첫째, 이용자와 요양보호사는 갑을 관계에 있으며 갑인 이용자

가 을인 요양보호사를 쉽게 무시한다는 프레임이다. 무시당했다는 감정의 뿌리는 지극히 주관적인 감정에 속하지만 이용자와 갈등 상황이 벌어지면 마치 공식처럼 작동하게 된다. 갑을 관계 프레임은 이용자가 정말 요양보호사를 무시한 것인지에 대한 사실관계는 중요하지 않고, 요양보호사가 피해자라는 일방적이고 주관적인 인식만 남는다.

둘째, 이용자와 요양보호사는 가족적이어야 한다는 프레임이다. 이용자와 요양보호사가 가족적이어야 한다는 강박은 갈등이란 존재하지 말아야 하는 제거의 대상이라는 인식을 갖게 한다. 또한 갈등이 발생하더라도 요양보호사가 문제 해결의 주체로 서는 것을 회피하게 만든다. 가족도 아닌데 가족적인 관계란 없다. 실제 가족도 무수한 갈등을 일으키고 해결하며 살아간다.

°° 현장 속으로 °°

✦

편견이 불편해요

✦

슬기 씨는 전남 여수가 원래 고향이다. 오늘 어르신과 첫 만남이다. 이런저런 이야기 끝에 어르신이 묻는다.

어르신 : 자네는 고향이 어딘가? 난 경상도 청도. 난 전라도 사람들하고 말도 안 섞고 아예 상대를 안 해. 그냥 딱 싫어.

어르신이 정색을 하며 단호하게 말한다.

슬기 씨 : 그런데 전라도 사람을 왜 그렇게 싫어하세요?

어르신 : 전라도 사람들은 사람을 잘 속이고 질이 나빠. 예전에 내가 전라도 사람한테 크게 사기를 당해서 아직도 그 생각만 하면 속이 상해서 말을 할 수가 없어.

슬기 씨 : 아, 예. 저는… 경기도예요.

어르신 : 경기도 어딘데?

슬기 씨 : 경기도 안성이에요.

슬기 씨는 마음이 무겁고 씁쓸하다. 전라도 사람이라고 다 그런 게 아닌데, 어르신의 편견을 지적할 수도 없고 부질없이 싸움만 될까 봐 고향까지 숨겼다. 슬기 씨는 당분간 한 번도 가보지 않은 안성을 고향으로 삼아야 한다. 이후 새로운 어르신을 만날 때면 어르신 고향이 경상도가 아닌 분이기를 바라게 된다.

[요양보호사와 이용자의 감정 상태]

- **요양보호사** : 억울, 위축, 상실감, 자존감 상실
- **이용자** : 과거에 대한 상처, 속상함, 불안, 걱정

[부당한 대우를 받았을 때 해결방안]

요양보호사는 무조건 참아야 한다거나 부당한데도 일단 피하고 보자는 감정의 뿌리는 요양보호사로서 자기 신념과 확신이 부족한

경우다. 부당한 대우를 받으면 받을수록 이용자는 요양보호사를 늘 무시하고 함부로 한다는 부정적 신념이 고착된다. 자신이 하찮다고 여겨지고 초라해지기까지 한다.

이용자의 편견이나 비합리적 신념에 대해 논쟁할 필요는 없지만 신뢰관계를 형성할 수 있는 다른 방안을 찾아보는 것이 중요하다. 슬기 씨는 자기감정에 족쇄를 채우지 않기 위해 기관의 동료들과 상황을 공유하기로 했다.

[부정적인 감정에서 빠져나오는 방법]

어르신 중에는 지역감정의 골이 깊은 분들이 있다. 특정 종교에 대해 선입견을 갖고 있는 분들도 있다. 이는 살아오면서 굳어진 경우가 대부분이어서 쉽게 사라지지는 않는다. 하지만 요양보호사의 신뢰 있고 따뜻한 서비스로 어르신의 편견과 나쁜 기억이 치유될 때도 간혹 있다. 출퇴근 시간을 잘 지키고 서비스 시작 전에 원하는 것을 여쭈며 하루의 일정을 같이 의논하면서 신뢰의 기초를 다지자. 물품을 구입하거나 장을 볼 때는 꼭 영수증을 챙겨서 어르신께 보여드리자. 그런데도 자주 어르신의 편견으로 부당한 대우를 받는다고 자주 느껴질 때는 혼자 참으려고 애쓰지 말고 기관에 도움을 요청하자.

슬기로운 갈등 해결

갈등을 조급하게 해결할 문제로 인식하지 않기

갈등이 생기면 누구나 불편한 감정을 느끼고, 이런 감정에서 벗어나길 바라는 마음은 자연스러운 일이다. 그러나 부정적 감정이 긍정적 감정으로 변화되거나 사라지기까지는 일정한 시간이 필요하다. 이용자와 갈등 상황을 조급하게 해결하려다 보면 요양보호사가 자신도 모르게 훈육자가 되어있거나 이용자의 감정 상태를 알아차리지 못하고 간과해버릴 소지가 많다. 침착하게 이용자의 감정을 안정시키고 어느 정도 시간이 지날 때까지 마음을 느긋하게 갖는 것이 현명하다.

"어르신 말씀을 들으니 꼭 필요하신 일이라는 건 알겠는데 요양보호사가 어르신 댁에서 해야 할 업무가 정해져 있어요. 죄송하지만 어르신께 다른 업무로 도움을 더 드리는 것이 좋을 것 같아요."

"어르신이 꼭 필요하다고 말씀하시니 이번에는 도움을 드릴게요. 다음에는 가족의 업무는 가족들과 의논해서 좋은 방법을 찾아보시면 좋겠어요."

"물건을 없어져 어르신이 슬퍼하시니 저도 마음이 아프네요. 어르신 댁에 매일 와서 일을 하는 입장인데 어르신 물건을 제가 훔쳐 가면 어떻게 어르신 얼굴을 마주하며 일을 할 수 있겠어요. 오해 마시고 기억을 되살려보면서 저랑 함께 잘 찾아봐요."

상황 종료 시 문제 매듭짓기

요양 현장에서 갈등 상황은 누구나 경험하고 있으나 갈등 후 관계의 긍정적인 효과를 경험하는 경우는 매우 드물다. 갈등 상황은 종료되었으나 실제 이용자와 감정적 화해 없이 마치 아무 일도 없었던 것처럼 흐지부지 무마해버리면 미묘한 어색함은 그대로 남는다. 갈등은 또 반복될 수 있겠다. 그러므로 일단 상황이 종료되면 이용자와 요양보호사 모두 감정적 화해의 과정을 거쳐야 한다. 그래야 점차적으로 감정적 소진을 줄여나갈 수 있다.

"어르신 돈 잃어버린 줄 알고 많이 놀라셨죠? 저도 며칠이나 잠도 설치고 입맛도 없고 마음이 우울했어요. 어르신과 제가 서로 일로 만났지만 그동안 서로 신뢰하고 있다고 생각했는데 오해가 생기니 속이 많이 상하더라고요. 같이 지내다 보면 이런 일이 또 없으리란 법도 없고 다른 문제로 서로 오해가 생길 수도 있잖아요. 그래서 말인데요. 이번 일을 계기로 어르신과 저와 둘만의 몇 가지 규칙을 정했으면 좋겠어요. 제가 한번 적어봤는데 어르신도 생각나시는 게 있으면 말씀해주세요."

첫째, 돈이나 귀중품이 없어지면 의심부터하지 말고 서로 힘을 모아 의논하면서 찾아보고 찾지 못하면 경찰서에 신고한다.

둘째, 화가 나는 일이 생기면 소리부터 지르지 않고 지금 내가 왜 화가 났는지 상대에게 감정을 솔직하게 이야기한다.

이 규칙을 잘 지켜 앞으로 오래도록 서로 신뢰하는 관계가 되도록 노력한다.

- ○○○ 어르신 서명, ○○○ 요양보호사 서명

잘 극복된 갈등 경험하기

서로 감정적으로 폭발한 상태에서는 자신도 상처받은 상태이기 때문에 상대의 마음을 살피기가 매우 어렵다. 여간 노력하지 않으면 관계 단절로 이어지는 것이 다반사이다. 다시 보지 않으면 그만이라고 하겠지만, 갈등의 특성상 다른 이용자와의 관계에서도 비슷한 문제는 또 발생할 수 있다. 갈등을 겪더라도 회피하지 않고 극복하면 그동안 몰랐던 이용자의 감정 상태를 한 번 더 생각해보는 계기가 된다. 이용자와의 신뢰 관계를 만들어가는 데도 밑거름이 될 것이다.

갈등은 상대가 자기 기대와 다르게 반응하기 때문에 생긴다. 자기 기대를 충족하려면 상대에게 자신의 의견을 피력할 수밖에 없다. 이때 인신공격을 하거나 문제를 문제로 덮는 방식으로 갈등을 증폭시키지 말아야 한다. 이용자의 반찬투정 때문에 싸우게 되었는데 변덕이 심해서 자식들도 두 손 두발 들었다든지, 주변 사람들도 다 욕한다든지 식으로 공격하는 것은 곤란하다.

대화 방식을 바꾸는 것도 갈등 해결에 도움이 된다. 한 사람만 일방적으로 말하지 말고 한 번씩 돌아가면서 말하기, 불평불만의 말투로 말하지 않고 자신의 감정 상태만 말하기, 서로 상처가 될 수 있는 단어, 사람, 상황은 말하지 않기로 약속하고 대화하기 등 해결을 전제로 하는 대화기법을 사용하면 갈등 해결에 도움이 된다.

슬기로운 지원 요청

돌봄 환경 조성하기

돌봄 환경이 제대로 갖추어지지 않은 채 돌봄을 수행해야 하는 경우가 있다. 청소물품이 없거나 방역이 필요한 경우 또는 저장장애가 있다면 갈등이 소지가 크다. 문제가 무엇인지 파악했다면 일단 이용자와 문제에 대한 인식을 공유하고, 이용자의 동의를 구하면서 하나씩 해결 방법을 찾아나가야 한다. 기관에 우선 보고를 하고 보호자의 도움을 받거나 지역자원을 연계할 수도 있다.

- 문제 파악하기(방역 요청, 청소물품 구입, 저장장애 상담 등)
- 이용자 상담과 동의 확인

- 해결 방법 찾기(기관 의뢰, 보호자 도움, 지역자원 연계 등)

돌봄 업무 외 요구 및 변경하기

서비스 제공 범위를 미리 안내하고 업무 범위가 정해져 있음을 고지했는데도 어르신이나 보호자가 업무 범위 외의 요구를 하는 경우도 종종 발생한다. 그럴 때 참고 서비스를 해서는 안 된다. 부당한 업무임을 정중하게 설명하고 기관에 도움을 요청하는 것이 필요하다. 만일 다른 서비스 내용을 원한다면 급여 제공계획서를 변경할 수도 있다.

- 업무 범위에 대한 공단 제공 자료를 공유한다.
- 급여 제공계획서상 업무 확인과 필요 시 계획서 변경 요청한다.
- 사회복지사가 방문하여 업무를 조정한다.

--- ∘∘∘ 현장 속으로 ∘∘∘ ---

✧

안타깝지만 해드릴 수가 없네요

✧

김○○ 어르신(84세)은 현재 4등급으로 오래되고 낡은 연립주택 4층에 거주한다. 방 두 칸짜리 연립에 40대 아들과 함께 사는데 아들은 지방에서 근무하기 때문에 주말에 한 번씩 왔다 가서 거의 얼굴을 볼 수가 없다.

어느 날 어르신이 계단청소를 해달라고 했다. 연립에 사는 사람들이 돌아가면서 한 달에 두 번씩 계단청소를 하는데 어르신 댁이 청소 당번일 때 어르신이 못하니 슬기 씨에게 부탁한 것이다. 처음에는 어르신 사정이 안타깝고 거부하기 어려워서 계단청소를 했다. 그런데 계속 요구를 하니 더는 안 될 것 같아 슬기 씨는 기관에 상황을 보고했다.

기관의 대응

기관에서는 어르신 댁을 방문해서 요양보호사의 업무 범위를 설명하고 연립주택의 계단청소는 요양보호사의 업무가 아니라는 것을 명확하게 알렸다. 만약 요양보호사가 본연의 업무가 아닌 계단청소를 하다가 다치면 산재 책임의 문제가 생길 수도 있고, 계단청소를 하느라 어르신 곁을 벗어난 상황에서 어르신이 다치기라도 하면 배상 책임의 문제가 생길 수 있다는 점을 말씀드렸다. 그리고 아드님과 의논하여 방법을 찾도록 연락해보겠다고 하였다. 어르신은 처음에는 불편한 기색을 보였지만 앞으로는 계단청소를 시키지 않을 테니 걱정 말고 돌아가라고 했다.

며칠 후 어르신 아들에게서 전화가 왔다. 앞으로 계단청소는 본인이 주말에 와서 할 테니 걱정하지 말고 슬기 씨에 대한 불만이 없으니 앞으로도 잘 돌봐달라고 부탁했다.

대체 돌봄 제공자 요청하기

서비스 제공 중 요양보호사의 교체가 불가피하거나 병원 진료, 휴가 사용 등의 이유로 대체 요양보호사가 투입되어야 하는 경우 반드시 기관에 사전 요청해야 한다. 대체할 요양보호사와 일정을 조율하고 이용자와 서비스 계획에 대한 수정이 이루어진 후 건강보험공단에 수정된 서비스 계획이 전산으로 통보되기까지는 시간이 필요하다. 최소 2주 전에는 대체근무를 요청해야 한다.

또한 1인의 요양보호사만으로 서비스 제공이 어려울 경우 추가 배치를 기관에 요청할 수 있다. 현 제도상으로 중증 치매로 인한 폭력적인 이용자의 경우에 한해 2인의 요양보호사 배치가 가능하다. 그 외에는 규정이 없으나 중증 이용자의 이동, 성희롱에 대한 위험, 불량한 주거환경 개선, 응급상황 등 요양보호사의 건강과 안전이 보장되지 않는다고 판단될 때는 기관에 추가 서비스를 요청해야 한다. 다만 제도상 보장된 사항이 아니므로 기관과 사전 조율이 필요하다.

갈등 관계 개입 요청하기

서비스 과정 중 이용자와 갈등으로 심한 언쟁 또는 고조된 감정 상태에 놓이면 우선 대화를 중단하고 기관에 보고하여 중재를 요청하는 게 좋다. 한 공간에서 감정적 대치 상황에 있는 것보다 잠시 공간을 이동해 다른 업무에 집중하는 것도 불필요한 언쟁을 피하는 방

법 중 하나다. 서비스를 종료할지 지속할지는 기관과 함께 결정해야
하며 요양보호사 개별 판단으로 서비스를 중단하는 것은 금물이다.

••• 현장 속으로 •••

◇

혼자 판단하기 어려우면 기관의 도움을 받아요

◇

전○○ 어르신(84세)은 현재 3등급으로 아파트에 거주한다. 며칠 전
슬기 씨는 어르신의 부탁을 받고 너무 당황했다. 아파트 단지 내에 있
는 살구나무에서 살구를 몇 개만 따오라는 것이다. 장우산을 가지고
가서 휘어진 손잡이로 나뭇가지를 잡아 내리면 살구를 쉽게 딸 수 있
다고 방법까지 말씀하셨다. 슬기 씨는 살구나무 근처로 가다가 아무
래도 마음에 걸려 기관에 전화하여 상황을 설명했다.

기관에서는 살구를 따는 것은 공동주택의 공동 물건에 손을 대는 것이
므로 절대 해서는 안 되는 일이라며 어르신께로 다시 돌아가라고 했다.
잠시 후 기관장이 어르신에게 전화를 해 잘 설명을 드렸다.

기관의 대응

 살구가 먹고 싶다면 살구를 사오거나 관리사무실에 전화를 대신해
줄 수는 있다. 하지만 공동주택에서 단지 내 과일을 임의로 따는 것은
자칫 문제가 될 수 있다. 또한 살구를 따다가 다치기라도 하면 산재
책임 문제가 생길 수 있다. 이러한 점을 설명드리자 어르신은 바로 수
긍하고 앞으로는 부당한 부탁을 하지 않겠다고 약속했다.

제3자와의 문제 상황(가족 학대 등) 보고하기

노인 학대는 가족이라는 특수한 관계 때문에 실제 학대가 이루어져도 주의 깊게 살피지 않으면 발견하기가 쉽지 않다. 부부 또는 자식이라는 이유로 이용자는 학대 사실을 쉽게 말하지 못할 수 있으며 학대 사실이 확인되어도 사적인 가족 문제로 치부하거나 학대 가족들이 사실을 부인하는 경우도 있다.

노인 학대는 범죄이며 요양현장에서 요양보호사는 학대 발견 시 신고 의무자임을 분명히 알아야 한다. 신체적 폭력은 물론이고 밥을 주지 않는다거나 병을 치료하지 않고 방치하거나 당사자의 의사와 무관하게 통장 출금이나 경제권을 박탈하는 것도 학대에 해당된다.

현장에서 학대가 발견되면 정확한 피해 사실을 파악하고 피해 사진이나 진술을 증거로 확보해두어야 한다. 이용자의 학대 피해가 분명한 경우 요양보호사는 혼자 해결하지 말고 기관에 반드시 증거 자료와 함께 보고해야 한다. 기관은 피해 사실을 보다 더 구체적으로 확인한 후 노인보호전문기관이나 경찰에 신고해야 한다.

요양보호사 및 요양기관의 모든 종사자는 노인 학대 신고 의무자다. 돌보는 어르신이 가족이나 지인으로부터 학대를 받는다는 것을 알고도 모르는 척해서는 절대 안 된다. 요양보호사 본인 신변의 안전이 걱정되어 신고를 꺼리게 되는 경우가 간혹 있는데, 직접 신고하기 전에 기관에 상황을 보고하고 의논하는 것이 가장 현명한 방법이다.

✧

학대가 의심돼요

✧

박○○ 어르신(74세)은 5등급 경증 치매 어르신이다. 최근에 넘어지면서 무릎을 다쳐 거동이 거의 불가능하다. 어르신은 장기요양 등급을 갱신 신청해서 3등급이 되었다. 기초생활수급자이고 지하 원룸에서 혼자 거주한다. 혼자서는 일어서지 못하고 앉아서 엉덩이로 밀면서 이동하고 있으며 왼쪽 네 번째 손가락이 꺾인 상태로 굳어져 세수를 하거나 물건을 집을 수 없다. 다친 무릎도 제대로 재활치료를 받지 않아 구부러진 채 굳어져 있어 슬기 씨는 가끔 대야에 따뜻한 물을 받아 족욕을 해드린다.

어느 날 슬기 씨가 어르신 댁에 방문하니 현관에서부터 술에 찌든 냄새가 심하게 나고 방안에는 막걸리병, 소주병이 뒹굴었다. 놀란 슬기 씨가 누가 다녀갔냐고 여쭈었더니 근처에 사는 친구가 와서 술 마시고 자고 갔다고 했다.

슬기 씨는 평소 어르신이 술을 좋아하지 않는다고 했었기 때문에 상황을 이해할 수 없었다. 하지만 어르신이 경증 치매여서 무엇이 진실인지 혼란스러웠다. 슬기 씨는 혼자서 판단하기 어려워 기관에 보고했다. 기관에서는 어르신 댁을 방문하여 어르신과 상담을 했다. 어르신은 근처에 사는 형이 가끔 오는데 자신을 너무 힘들게 한다는 말을 어렵사리 꺼냈다. 뿐만 아니라 머리카락을 쓸어 올려 보이며 형이 머리를 때려서 아프다고 했다. 머리카락에 가려져 보이지 않았지만 만져보니 살짝 부어올라 있었다. 어르신은 계속해서 바지를 걷어 올리며 무릎의 멍든 부분도 보여주었다. 형이 자꾸 때려서 제발 찾아오지 않았으면 좋겠다는 말도 했다. 생계비가 나와도 형이 다 쓰기 때문에 어르신은 통장도 카드도 가지고 있지 않다고 했다. 손가락이 꺾인 것도 형의 폭행 때문이고, 최근에 넘어진 것도 사실은 형이 때려서 다친 거라고 했다. 기관에서는 동 주민센터를 방문하여 상황을 의논하고 대책을 세우기로 했다.

기관과 동 주민센터의 대응

주민센터 담당자는 담당 간호사와 함께 박○○ 어르신 댁을 방문하여 형의 폭행 사실을 다시 자세하게 들었다. 머리와 손가락, 무릎에 난 상처와 멍자국을 확인하고 노인학대전문기관에 신고했다.

노인학대전문기관의 대응

신고접수를 받은 노인학대전문기관에서는 어르신이 거주하는 지역 파출소에 연락하여 경찰관과 함께 어르신 댁을 방문하였고 형을 따로 만났다. 형은 사실을 인정하고 다시는 학대하지 않겠다고 약속했다. 어르신도 형을 용서해줄 것을 요청했다. 경찰은 또 학대가 발생하면 접근 금지와 처벌 대상이 된다는 것을 분명히 고지하고 예의 주시하기로 했다.

우리가 있어,
슬기 씨

6장

슬기 씨가 많이 지쳤다. 돌봄 전문가로서 거듭나기 위해 힘차게 달려왔지만 슬기 씨가 경험한 돌봄 현장에는 생각보다 훨씬 다양한 일들이 벌어지고 있었다. 보람 있고 마음 따뜻한 일들도 있지만 괴롭고 피하고 싶은 일들도 많았다. 슬기 씨는 잠시 주변을 돌아본다.

2025년이면 대한민국은 초고령화 사회로 접어든다. 더구나 가족구조의 변화 등으로 어르신 돌봄에 대한 사회적 수요는 지속적으로 확대될 것이다.

요양보호사는 사회적 돌봄을 유지하기 위한 필수인력으로서 세계적인 펜대믹 상황 속에서도 멈출 수 없는 대면 서비스를 제공하고 있다. 그 어느 때보다 돌봄 노동이 필요한 시기이다. 그럼에도 고용의 불안정, 부당업무, 성희롱, 인권침해 등 열악한 노동조건으로 안정된 노동권을 보장받지 못하는 것이 현실이다.

슬기 씨는 사회적 돌봄 제도가 건강하게 자리 잡기 위해서는 개인적 사명감도 중요하지만 돌봄 노동자의 노동권을 보호하는 일이 무엇보다 우선되어야 한다고 생각했다. 돌봄 노동자로서 꼭 알아야 하고 꼭 찾아야 할 권리가 무엇인지, 또 이와 관련한 법과 제도는 어떤 것이 있는지 살펴보면서 슬기 씨는 다시 기운을 얻는다.

근로계약서 작성

근로계약 체결의 중요성

현재 근로기준법상 요양보호사는 이용자나 건강보험공단이 아니라 장기요양기관(근무기관)과 근로계약 관계에 있다. 즉 장기요양기관은 근로기준법의 책임을 이행해야 하는 사업주에 해당한다. 요양보호사의 월급은 건강보험공단의 수가를 바탕으로 하지만 구체적으로는 장기요양기관과의 계약을 통해서 결정된다. 즉 어르신이 요양 서비스를 중단한다 하더라도 요양보호사는 장기요양기관과 계약되어있는 것이므로 바로 근로계약 관계가 종료되는 것은 아니라는 의미이다.

사업주, 즉 장기요양기관은 근로계약서를 문서(전자문서 포함)로 작성해서 요양보호사에게 교부해야 한다. 사업주가 근로계약서를 전달하지 않으면 500만 원 이하의 벌금 또는 과태료가 부과될 수 있다.

근로계약에 들어가야 하는 내용

근로계약서를 작성할 때는 임금, 소정근로시간, 휴일, 연차 유급휴가, 취업장소와 종사해야 할 업무에 관한 사항을 확인하고 임금의 구성항목, 계산방법, 지급방법 등을 꼼꼼히 살펴봐야 한다. 2부의 계약서에 사인을 한 후 사업주와 근로자 각각 1부씩 보관한다. 기간제 근로자 또는 단시간 근로일 경우에도 동일하며 아래의 「근로기준법」을 참고하도록 한다.

> **근로기준법 제17조(근로 조건의 명시)**
> ① 사용자는 근로계약을 체결할 때에 근로자에게 다음 각 호의 사항을 명시하여야 한다. 근로계약 체결 후 다음 각 호의 사항을 변경하는 경우에도 또한 같다.
>   1. 임금
>   2. 소정근로시간
>   3. 제55조에 따른 휴일
>   4. 제60조에 따른 연차 유급휴가
>   5. 그 밖에 대통령령으로 정하는 근로 조건
>   1) 취업의 장소와 종사하여야 할 업무에 관한 사항
>   2) 법 제93조제1호부터 제12호까지의 규정에서 정한 사항
>   3) 사업장의 부속 기숙사에 근로자를 기숙하게 하는 경우에는 기숙사 규칙에서 정한 사항

② 사용자는 제1항제1호와 관련한 임금의 구성항목 · 계산 방법 · 지급 방법 및 제2호부터 제4호까지의 사항이 명시된 서면('전자문서 및 전자거래 기본법」 제2조제1호에 따른 전자 문서를 포함한다)을 근로자에게 교부하여야 한다. 다만, 본문에 따른 사항이 단체협약 또는 취업규칙의 변경 등 대통령령으로 정하는 사유로 인하여 변경되는 경우에는 근로자의 요구가 있으면 그 근로자에게 교부하여야 한다.

기간제법 제17조(근로 조건의 서면 명시)

사용자는 기간제근로자 또는 단시간근로자와 근로계약을 체결하는 때에는 다음 각 호의 모든 사항을 서면으로 명시하여야 한다. 다만, 제6호는 단시간근로자에 한한다.
1. 근로계약 기간에 관한 사항
2. 근로시간·휴게에 관한 사항
3. 임금의 구성항목·계산방법 및 지불방법에 관한 사항
4. 휴일·휴가에 관한 사항
5. 취업의 장소와 종사하여야 할 업무에 관한 사항
6. 근로일 및 근로일별 근로시간

근로계약 상황에서 알아두면 좋은 것

[장기요양기관을 거치지 않고 어르신에게 직접 돈을 받는 경우]

간혹 급여 외 추가시간에 대하여 어르신으로부터 직접 대가를 받고 일하는 경우가 있다. 이는 요양보호사에게 바람직한 방식이 아니다. 장기요양기관을 거치지 않으면 당장은 시급이 조금 더 높아질 수는 있겠으나, 이후에 문제가 있을 경우 보호를 받기 어려울 수 있다는 점을 염두에 두어야 한다. 장기요양기관과의 근로계약 관계가

인정되지 않는다면 임금체불이나 부당 해고 등을 당하더라고 노동부에 말할 수 없고, 민사소송 같은 개인적인 방식으로 해결해야 한다. 또한 근로계약서나 무선식별시스템(RFID) 등이 없으므로 계약조건이나 실제 근무시간 등을 입증하기도 쉽지 않다.

[가족인 요양보호사의 근로계약 관계]

가족인 요양보호사 또한 노동법적으로 보면 장기요양기관과 근로계약 관계에 있는 노동자이다. 근로시간이 짧아 근로기준법의 일부 내용이 적용되지 않을 수 있으나 적어도 해고와 관련된 규정은 다른 요양보호사와 마찬가지로 적용된다.

근로계약서 속 무효 사례

근로계약서는 법적 문제가 발생할 경우 가장 기본이 되는 자료이다. 그러나 근로계약시에 적혀있다고 무조건 유효한 것은 아니다. 상식에 심하게 벗어나거나 근로기준법에 어긋나는 내용이라면 근로계약서상 서면에 명시되어있다고 해도 무효이다.

본인 과실에 대해서는 노동자가 모두 책임진다.　　정답 : ✕

'어르신과 식사준비 중 내 실수로 기름이 튀어 화상을 입었을 경우 책임을 져야 한다'거나 '어르신의 이동보행을 돕는 과정 중 실수하여 어르신이 다치면 내가 책임져야 한다'는 생각은 금물이다. 기관

이 배상책임보험에 가입되어있으면 이에 따라 보상을 받을 수 있다.[21]

사업장 내 위법 사항을 외부에 말하면 해고 당할 수 있다.

정답 : ✕

기밀유지 의무 등 징계 사유가 있더라도 잘못된 행위에 비해 징계 수준이 너무 높은 경우 부당해고일 수 있으며 국민건강보험공단 내 부당청구 장기요양기관 신고 및 포상금 지급에 관한 규정이 있다.

「노인장기요양보험법」제64조에서 준용하고 있는 「국민건강보험법」제104조 제1항에 따라 속임수나 그 밖의 부당한 방법으로 장기요양급여비용을 지급받은 장기요양기관을 신고한 사람에게 지급하는 포상금과 관련하여 같은 법 시행령 제75조에서 위임한 사항과 그 시행에 필요한 사항을 규정함을 목적으로 한다.

마음대로 퇴사할 경우 손해배상을 한다.

정답 : ✕

요양보호사를 비롯한 모든 노동자에게는 근로를 강요할 수 없다.* 민법상 근로자 본인의 사직의사 표현 후 1개월 초과 시 사직의 효력이 발생한다. 따라서 사직의사 표현 후 1개월이 지난 후에는 근로자가 출근하지 않아도 무단결근이 아니며 손해배상의 의무도 지지 않는다. 다만, 사직의 효력이 발생하기 전에 무단으로 결근하게 되면 무단결근으로 인한 손해배상 등의 불이익이 있을 수 있다. 하지만 이 경우에도 손해배상 금액은 근로자의 결근으로 인하여 발생한

---

* 근로기준법 제 7조 강제근로의 금지

손해에 한정하며 입증 책임은 회사 측에 있다.

어르신이 서비스 종료 요청을 하거나 돌아가실 경우 근로계약이 자동 종료된다. 정답 : ×

어르신과의 직접 근로계약을 한 것이 아닌 장기요양기관과 근로계약을 한 것이기 때문에 어르신이 서비스 종료 요청을 하거나 돌아가셔도 장기요양기관과의 근로계약은 유효하다.

시설 요양보호사의 야간 업무는 휴게시간으로 설정된다. 정답 : ×

근로시간이란 근로자가 사용자의 지휘감독을 받으면서 근로계약에 따른 근로를 제공하는 시간을 말한다. 시설 요양보호사의 야간 업무는 사용자의 지휘감독으로부터 벗어나 근로자가 자유로이 이용할 수 있는 시간이지만 비상벨 등을 통해 늘 대기 상태에 있기 때문에 휴게시간으로 판단하기 어렵다는 판례가 있다.

근로계약서 이외 근로 조건에 영향을 미치는 문서

근로계약서가 근로 조건을 정하는 유일한 문서는 아니다. 사업장 내 취업규칙이나 단체협약이 있다면 이 또한 요양보호사의 근로조건에 영향을 미친다.

[단체협약이란]

노동조합과 사용자가 임금, 근로시간 등의 사항에 대해 단체 교섭 과정을 거쳐 합의한 사항을 말한다. 기본적으로 노동조합이 있는 경우, 노동조합이 단체협약을 체결하면 노동조합에 속해있는 조합원에게 적용이 된다. 다만 교섭 대표 노동조합이나 과반수를 조직한 노동조합이 맺은 단체협약은 조합원 이외에도 영향을 미친다.

[취업규칙이란]

사업장 내에서 노동자가 준수해야 하는 규율과 직장 질서 및 근로 조건에 대한 구체적인 사항을 정한 문서이다. 현실에서 사규, 규내, 규정, 규칙, 세칙 등으로 불리는 문서를 말한다.

대부분 장기요양기관에는 취업규칙이 존재한다. 취업규칙은 사용자에게 작성할 수 있는 권한이 있으나 노동자에게 불이익하게 변경하는 경우에는 노동자 과반수의 동의를 얻어야 한다.

[취업규칙에는 어떤 내용이 있어야 하나]

10명 이상의 근로가 상시 근무하는 환경이라면 취업규칙을 작성하여 고용노동부장관에게 신고해야 하는데, 포함되는 내용은 다음과 같다. 취업규칙을 변경할 때도 마찬가지로 변경 후 고용노동부장관에게 신고해야 한다.[*]

---

* 근로기준법 제93조(취업규칙의 작성·신고)

- 업무의 시작과 종료 시각, 휴게시간, 휴일, 휴가 및 교대 근로에 관한 사항
- 임금의 결정·계산·지급 방법, 임금의 산정기간·지급시기 및 승급(昇給)에 관한 사항
- 가족수당의 계산·지급 방법에 관한 사항
- 퇴직에 관한 사항
- 「근로자퇴직급여 보장법」 제4조에 따라 설정된 퇴직급여, 상여 및 최저임금에 관한 사항
- 근로자의 식비, 작업 용품 등의 부담에 관한 사항
- 근로자를 위한 교육시설에 관한 사항
- 출산전후 휴가·육아휴직 등 근로자의 모성 보호 및 일·가정 양립 지원에 관한 사항
- 안전과 보건에 관한 사항
- 근로자의 성별·연령 또는 신체적 조건 등의 특성에 따른 사업장 환경의 개선에 관한 사항
- 업무상과 업무 외의 재해부조(災害扶助)에 관한 사항
- 직장 내 괴롭힘의 예방 및 발생 시 조치 등에 관한 사항
- 표창과 제재에 관한 사항
- 그 밖에 해당 사업 또는 사업장의 근로자 전체에 적용될 사항

급여 외 행위에 대한 대응방법

급여 외 행위(부당업무)란?

요양보호사의 업무가 아닌 '수급자 가족을 위한 행위', '수급자 또는 그 가족의 생업을 지원하는 행위', '그 밖에 수급자의 일상생활에 지장이 없는 행위'를 요구하는 것은 금지되어있다. 예를 들면 강아지 산책시키기, 명절 음식하기, 어르신 외 다른 사람을 위한 반찬 만들기 등이 이에 해당한다. 수급자가 '급여 외 행위'를 요구하면 부정수급에 해당될 수 있으며, 장기요양기관이 요양보호사에게 이를 수용하도록 요구하면 500만 원 이하 과태료에 처해진다.

보건복지부 요양보호사 양성 지침 및 표준 교재에 따르면 요양보호사의 업무는 다음의 표와 같다.(해당 서비스는 노인장기요양보험 이용자(수급자)에 한해 제공된다.)

신체활동지원 서비스	세면 도움 / 구강 관리 / 머리 감기기 / 몸단장 옷 갈아입히기 / 목욕 도움 / 식사 도움 / 체위 변경 이동 도움 / 신체기능 유지증진 화장실 이용 돕기
일상생활지원 서비스	취사 / 청소 및 주변정돈 / 세탁
개인활동지원 서비스	외출 시 동행 / 일상 업무 대행
정서지원 서비스	말벗, 격려, 위로 / 생활 상담 / 의사소통 도움
방문목욕 서비스	방문 목욕
치매관리지원 서비스	행동변화 대처
응급 서비스	응급상황 대처

★★★ 바로 실전 ★★★

- 이용자가 사용하는 욕실 이외 기족들만 사용하는 욕실 청소까지 요구해서 장기요양기관에 보고하여 조치를 요구했지만, 장기요양기관은 가족이나 환자의 요구에 맞춰서 일할 수밖에 없다고 사실상 방관하고 있다.
- 이용자의 자녀가 운영하는 식당에서 사용하는 반찬을 만들어주는 등급여 외 행위를 요구하여 기관 측에 보고하고 시정을 요청했으나 사직 전까지 개선되지 않았다.
- 거의 매일 어르신 친구분들이 찾아와서 밥상 차리라는 지시를 했다.

☑ 대응법
첫째, 부당업무 요구에 대해서는 이용자와 보호자에게 거절 의사를 분명히 밝히고 기관에 즉시 보고한 후 조치를 요청한다.

둘째, 요양기관이 이용자에게 별도의 조치를 취하지 않거나 부당업무를 방조한다면 건강보험공단에 이를 신고하여 행정조치를 취하도록 한다. 건강보험공단은 부당업무를 요구하는 요양기관에 대하여 6개월의 업무 정지, 지정 취소, 폐쇄 명령을 할 수 있다.

(국민건강보험공단 신고직통전화 : 033-811-2008)

요양보호사를 보호하는 법 규정

급여 외 행위에 대해 요양보호사를 보호하는 어떤 법 규정은 만약의 상황을 대비하여 알아두면 좋다.

장기요양급여 제공기준 및 급여비용 산정방법 등에 관한 고시
(「노인장기요양보호법」)

제17조(방문요양급여 제공기준)
① 방문요양급여는 요양보호사가 신체활동지원(세면, 목욕, 식사도움, 체위변경 등), 인지활동지원, 정서지원, 가사 및 일상생활지원(취사, 청소, 세탁 등) 등을 수급자의 기능상태 및 욕구 등을 반영하여 적절하게 제공하여야 한다.

제28조의2(급여외행위의 제공 금지)
① 수급자 또는 장기요양기관은 장기요양급여를 제공받거나 제공할 경우 다음 각 호의 행위(이하 "급여외행위"라 한다)를 요구하거나 제공하여서는 아니 된다.
   1. 수급자의 가족만을 위한 행위
   2. 수급자 또는 그 가족의 생업을 지원하는 행위
   3. 그 밖에 수급자의 일상생활에 지장이 없는 행위

② 그 밖에 급여외행위의 범위 등에 관한 구체적인 사항은 보건복지부령으로 정한다.

제35조의4(장기요양요원의 보호)

① 장기요양기관의 장은 장기요양요원이 다음 각 호의 어느 하나에 해당하는 경우로 인한 고충의 해소를 요청하는 경우 업무의 전환 등 대통령령으로 정하는 바에 따라 적절한 조치를 하여야 한다.

    1. 수급자 및 그 가족이 장기요양요원에게 폭언·폭행·상해 또는 성희롱·성폭력 행위를 하는 경우

    2. 수급자 및 그 가족이 장기요양요원에게 제28조의2제1항 각 호에 따른 급여외행위의 제공을 요구하는 경우

② 장기요양기관의 장은 장기요양요원에게 다음 각 호의 행위를 하여서는 아니 된다.

    1. 장기요양요원에게 제28조의2제1항 각 호에 따른 급여외행위의 제공을 요구하는 행위

    2. 수급자가 부담하여야 할 본인부담금의 전부 또는 일부를 부담하도록 요구하는 행위

제69조(과태료)

① 정당한 사유 없이 다음 각 호의 어느 하나에 해당하는 자에게는 500만원 이하의 과태료를 부과한다.

- 중략 -

3의2. 제35조의4제2항 각 호의 어느 하나를 위반한 자

산재에 대한 대응방법

산업재해란?

산업재해(산재)란 업무상의 사유에 따른 근로자의 부상, 질병, 장해 또는 사망을 의미한다. 근로자를 한 명이라도 고용한 사업장은 법령에 따라 산업재해보상보험에 반드시 가입해야 하며, 산재로 인해 3일 이상의 요양기간이 필요한 근로자는 산재보험법에 따라 보상받을 수 있다.

산재보험은 명확한 사고에 대해서만 인정한다거나 인정받기 매우 어렵다고 생각하는 경우가 많다. 그러나 산재 인정률은 생각보다 높으며 사고뿐 아니라 근골격계 질환 등의 경우도 마찬가지다. 업무상 사고의 경우 인정률이 95.8%이므로 사고 자체만 입증하면 거의 인정된다. 업무상 질병의 경우도 63%이므로 근무이력과 위험상황이 인정된다면 인정 가능성이 있다.

일하다 다쳤다면 너무 어려워하지 말고 산재 신청 방법 등을 참고하여 근로복지공단(문의 1588-0075)에 신청하자.

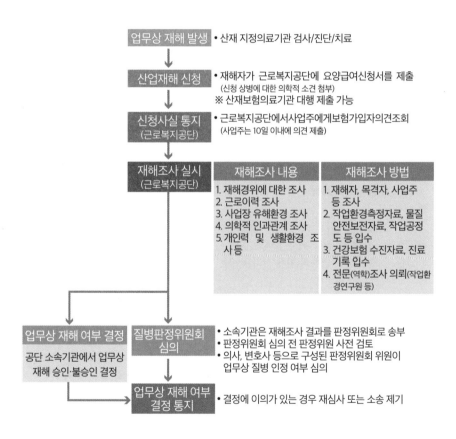

[산업재해 처리 과정]

출처 : 산업안전보건공단

재해 특성 및 예방 체크리스트

구분	재해 내용	예방 대책
전도 (넘어짐)	치매 노인의 돌발 행동을 막다가 어르신과 함께 넘어져 부상	치매 환자 부축 시 돌발행동을 막기 위해 2인 이상 공동직입 실시
투약관리 및 복약 보조	환자를 휠체어에 태워 이동하다 휠체어 손잡이를 잡고 있던 손이 화장실 문틈 사이에 끼어 부상	• 손잡이 덮개가 있는 휠체어 사용 • 문틀에 쿠션을 부착하여 사고예방
충돌	하반신 마비환자를 휠체어에서 진료실 침상으로 옮기던 중 환자 무게 때문에 옆으로 쏠리며 침대 모서리에 부딪쳐 부상	• 환자 부축 시 몸에 밀착시킨 후 하체를 이용하여 환자를 들어올림 • 환자에게 침대 등의 고정물을 잡도록 하여 무게를 분산시킴
추락	병원 린넨실에서 접의 의자 위에 올라가서 옷장 위에 있는 환자 이불을 내리다 의자가 접히면서 아래로 떨어짐	• 바퀴달린 의자나 접이식 의자 사용 금지 • 가급적 이불은 높은 곳에 보관하지 않음
화상	환자의 점심식사 준비를 위해 냉동된 떡볶이 떡을 기름에 넣고 튀기다가 물기 있는 떡이 터지며 기름이 튀어 화상	• 튀김요리 시 물기가 기름에 들어가지 않도록 주의 • 재료를 기름에 넣을 때는 뚜껑으로 가리고 넣기 • 튀김 요리 시 안전거리 유지
근골격계 질환	요양원에서 침상에 있는 편마비 어르신을 침대 위로 올리려 힘을 주다 심한 통증과 함께 허리를 삐끗하는 부상	• 환자를 부축할 때, 허리의 힘보다는 다리의 힘을 이용 • 환자를 부축할 경우 도움을 받아 2인이 작업 • 환자 부축 방법 등에 대한 교육
감염	감염된 환자를 장기간 간병하다 전염	• 감염 환자와의 직접적인 신체 접촉 금지 • 환자 간병 시 수시로 옷과 몸을 세척하고 건조시킴 • 이상 증세 발견 시 즉시 병원 치료를 받음
직무 스트레스	기관 홈페이지 자유게시판에 익명의 사람으로부터 비방이 지속되어 사표를 제출하고 정신과 치료를 받음	• 근로자가 스트레스에 대처할 수 있도록 상담부서나 스트레스 관리 프로그램 운영 • 고객일지라도 수위가 부당한 요구나 행동에 대해서는 제재조치 필요

출처 : 산업안전보건공단

근골격계 질환으로 산재 신청

거동이 불편한 어르신을 모시는 요양보호사의 업무 특성상 근골격계 질환이 많이 발생한다. 근골격계 질환은 상황에 따라 어깨, 팔, 손, 허리, 무릎, 발 등 몸의 다양한 부위에 나타날 수 있다.

근골격계 질환의 경우 일반적으로 특정한 순간이 아니라 오랜 기간에 걸쳐 발생한다. 따라서 어느 날 몸이 삐끗해서 다쳤다고 느꼈더라도, 그날만이 아니라 이전에 근무했던 내용도 함께 첨부하여 주장하는 것이 필요하다.

근골격계 산재 인정에서 항상 문제 삼는 것은 퇴행성질환 여부이다. 산재를 판단하는 근로복지공단뿐 아니라 의사도 퇴행성질환이므로 산재가 아니라고 하는 경우가 있다. 그러나 퇴행성질환이라고 무조건 산재가 불승인되는 것은 아니며, 근무기간이나 업무상 부담을 고려하여 산재로 인정될 수 있다. 미리 낙담하지 말고 일단 산재 가능성에 대한 상담을 받아보자.

근골격계 산재를 신청할 때는 근무이력과 업무 내용에 대해 자세히 정리해서 제출하는 것이 좋다.

- 근무이력은 〈건강보험 자격득실확인서〉를 참고하여 요양보호사로 일한 모든 경력과 그 이전에 근무했던 내용까지 정리한다. 요양보호사로 일한 기간이 얼마 되지 않아도 요양보호사 이전에 다른 돌봄 업무를 길게 했다면 결과는 다를 수 있다.
- 업무 내용은 어느 한 시기, 하나의 내용에만 집중할 것이 아니

라 시기·업무별 구체적인 내용을 가능한 자세하게 정리한다. 어느 한 부분만 이야기하면 그 부분이 강조될지는 몰라도 다른 부분은 보이지 않게 된다. 본인이 근무하면서 힘들었던 부분을 다양하게, 그리고 구체적으로 드러내는 것이 좋다.

[예시] "최근 일하던 곳에서 청소가 힘들었다"

구체적 서술 : 최근 일하던 곳에서는 매일 소파 등을 치우면서 청소해서 힘들었다.

다른 업무 서술 : 최근 일하던 곳에서 청소뿐 아니라 어르신 걷기 운동을 30분씩 했는데, 어르신을 부축하면서 진행했다

과거 업무 서술 : 과거 일하던 곳은 시설이었는데, 와상 환자들의 체위 변경을 하거나 휠체어에 오르고 내리는 일이 많았다.

····· **현장 속으로** ·····

✧

근골격계 산재 상담 사례

✧

슬기 씨는 80kg 정도 나가는 남성 중증 장애인을 담당하게 되었다. 체위 변경 등에서 손목에 무리가 갔으나 그만둘 수 없어 계속 일을 했는데 두 달 전부터 손목이 아프기 시작해서 지금은 침을 맞으면서 통증 클리닉에 다니고 있다. 외과에서 사진을 찍어보니 뼈에는 이상이 없고 직업병이라고 한다. 엄지손가락과 손목이 문제인데, 땅을 짚거

나 무엇을 들거나 비틀지 못해서 일도 쉬어야 했다.

슬기 씨는 소속기관에 사실을 알리고 상담 후 근무이력, 이용자의 과체중으로 업무상 부담되는 요인을 육하원칙에 따라 정리하여 근로복지공단에 산재 신청하기로 했다. 소속기관의 도움이 어렵다면 지역별 노동자지원센터나 장기요양요원 지원센터의 도움을 받을 수도 있다.

감염병 감염으로 산재 신청

업무수행 과정에서 감염병(코로나19, 결핵, 옴 등)으로 감염된 경우에도 산재 신청을 통해 업무상 재해로 인정받을 수 있다. 산업재해로 인정되는 경우에는 산재보험법에 따른 치료와 보상을 받을 수 있다.

보건의료 및 집단수용시설 종사자(요양보호사 포함)의 경우 상시적으로 코로나19 감염 위험에 노출되어있다는 점을 감안하여 업무 관련성을 보다 쉽게 인정하고 있다. 업무수행 과정에서 코로나19에 감염되면 업무와 질병 간에 상당한 인과관계를 명백히 알 수 있어 업무상 질병으로 인정된다.

요양보호사의 경우 동료, 어르신, 어르신 가족 등을 통한 감염이 산재로 인정된 바 있다. 상당수의 요양보호사가 코로나19로 감염되었을 것으로 추측되는데, 아직 산재 신청을 한 경우가 많지 않다.

업무 수행으로 코로나19에 걸린 경우 주저하지 말고 근로복지공단에 산재 신청하자.

✧

코로나19 산재 상담사례

✧

A요양원은 내부의 코로나19로 감염자 발생으로 코호트 격리조치를 했다. 이 기간 중 평소에는 24시간 근무하고 48시간 휴무의 일정으로 근무하던 슬기 씨가 7~9일 동안 계속 요양원에 머물며 근무하는 중에 코로나19에 감염되었다.

슬기 씨의 대처 방안

슬기 씨는 집단감염 경로가 명확하기 때문에 산재 신청을 하고 산재로 인정받았다. 산재 신청할 때 후유증에 대한 의무기록도 함께 자료로 제출하여 2개월 휴업급여가 인정되었다.

성폭력·성희롱 대응방법

고객에 의한 성희롱이란?

돌봄 노동은 주로 이용자의 공간에서 밀착해서 이루어진다. 성희롱 가해지는 주로 이용자 또는 그 가족으로, 고객에 의한 성희롱에 해당된다.

이용자와 요양보호사의 위계 차이, 우리 사회가 가지고 있는 여성에 대한 성차별 인식, 더불어 이용자의 건강이나 인지 상태가 복합적으로 작용하면서 성희롱 발생 시 요양보호사가 단호하게 대처하기 어려운 상황에 놓이게 된다. 또한 돌봄 노동자에 대한 낮은 처우와 인식이 성희롱 발생요인으로 작용하기도 한다.

특히 방문요양의 경우 성희롱 피해 발생 시 시설과 달리 당장 도움을 줄 동료나 관리자가 없어 요양보호사는 아무런 안전장치 없이 오롯이 스스로 대처해야 하는 것이 현실이다.

성희롱 발생 시 자신을 보호하기 위해 우선 사건과 관련된 기록과 증거를 확보하도록 한다. 절차에 따라 기관에 보고하고 근무장소 변경, 배치전환 등의 조치를 요구할 수 있다. 필요한 경우 성희롱 관련 구제기관에 도움을 요청할 수 있다.

[언어적 성희롱 피해 사례]

- 어르신이 불러서 "어르신, 무슨 하실 말씀 있으세요?"라고 했더니 손을 꽉 잡고 "연애하자."라고 하시는 거예요.
- "내가 돈을 줄게. 저녁에 일 끝나고 와. 같이 밥 먹자. 종로에 가서 뭘 사줄게. 애들 학비도 대줄게." 너무 불쾌했어요.

[신체적 성희롱 피해 사례]

- 자기 방으로 자꾸 끌고 가는 거예요. 나를 옆에 앉혀놓고 막 만져요.
- 스마트폰을 가르쳐주는 과정이었는데 나를 안고 허벅지에 손을 얹고… 돌봄을 하다 보면 밀착되는 경우가 생기니까 가끔 손을 잡아야 한다거나 하면서 손에 입을 맞추려고 하고…

[시각적 성희롱 등 복합적인 유형]

- 어르신이 막 목욕 끝나고 나서 나더러 목욕하라는 거예요. "어르신, 무슨 말씀 하시는 거예요?" 했더니, 나중에는 팬티 벗고

있을 때 나보고 들어오라고…

- 방문했을 때 비디오물을 같이 보자고 하셔서 싫다고 했죠. 하지만 어르신이 보시는 걸 옆에서 지켜볼 수밖에 없었어요.

성희롱 발생 시 대응방법

첫째, 사건과 관련된 기록을 증거로 남긴다.

성희롱이 있었던 날짜, 시간, 장소, 구체적인 언동 내용, 성적인 언어나 행동에 대한 느낌 등을 녹음하거나 일기 형식 등으로 남겨둔다. 목격자나 주변 지인의 증언, 상담 자료 역시 증거가 될 수 있으므로 서면 또는 녹음으로 기록해둘 필요가 있다.

둘째, 전문기관에 도움을 요청한다.

돌봄 현장에서 성적 불쾌감을 느끼는 상황일 때 누구도 예상치 못했기 때문에 순간적으로 어떤 조치를 취해야 하는지 판단이 서지 않을 수 있다. '그때 왜 이렇게 말하지 못했을까', '내가 다르게 대처했다면 달라졌을까'와 같이 스스로를 자책할 수도 있다. 성희롱 등 성범죄 피해는 혼자서 해결할 수 없는 경우가 많기 때문에 피해상황이 발생했을 경우 반드시 전문기관에 상담 및 지원을 요청해야 한다. 각 기관으로부터 전문적인 상담과 조언, 심리 치료, 법률 지원 등을 받아 체계적으로 문제를 해결하는 것이 좋다.

셋째, 근무기관에 피해상황을 보고하고 업무전환 등의 조치를 요청한다.

이용자 또는 그 가족(제3자)에 의한 성희롱 발생 시 사업주에게 업무전환 등의 조치를 요청한다. 2019년 6월 12일부터 시행된 「노인장기요양보험법」에 따르면, 요양보호사가 이용자 또는 그 가족 성희롱이나 성폭력 행위를 당하는 경우 장기요양기관은 피해자의 업무전환 및 가해자 상담을 조치해야 한다.

--- ◦◦◦ **현장 속으로** ◦◦◦ ---

✧

언어적 성추행 상담 해결 사례

✧

슬기 씨는 성희롱을 하는 어르신 때문에 상담을 받았다.

"또 성희롱적인 말을 하시더라구요. 그래서 휴대폰을 꺼내드니까 왜 그러냐고 묻더군요. 아무리 이야기해도 어르신이 이런 말씀을 하신다는 걸 공단이나 사무실에서 믿지 않으니까 녹음을 하려고요. 이제 말씀하세요. 지금 하시려던 말씀 계속 하세요. 그러니까 딱 그치는 거예요. 인지는 되시니까."

슬기 씨의 상담 결과

언어적 성희롱 상황에서 슬기 씨는 단호한 대처를 위해 휴대폰으로 대상자의 말을 녹음해 공단에 제출하겠다고 말했고, 어르신은 곧바로 성희롱을 중단했다. 기관과 어르신의 가족이 개입하면서 어르신의 행동은 점점 개선되었다.

슬기 씨는 여러 차례 피해 상황을 겪으며 중앙치매센터와 타 기관의 사회복지사분들과 상담을 하면서 도움을 받았다.

직장 내 성희롱 관련 권리구제 기관

- 평등의전화(여성노동자회) 02-3141-9090 (서울)
- 국가인권위원회 국번 없이 1331
- 여성노동법률지원센터 0505-515-5050
- 한국성폭력상담소 02-338-5801~2
- 한국여성의전화 02-2263-6465
- 한국여성민우회 02-335-1858
- 여성긴급전화 국번 없이 1366
- 서울시어르신돌봄 종사자종합지원센터 1544-7315

기관	신고 방법	대상행위	대상자
국가인권위원회	진정	성희롱 행위	행위자
지방노동관서 (노동청)	진정·고소·고발	남녀고용평등법 위반 행위 (성희롱 등)	사용자
검찰	고소·고발	성희롱 행위	행위사
법원	민사소송	성희롱으로 인해 발생한 정신적 손해	행위자 및 사용자
노동위원회	구제신청	성희롱 피해자에 대한 불이익 처분(해고 등)	사용자

직장 내 성희롱이란?

'직장 내 성희롱'이란 사업주·상급자 또는 노동자가 직장 내의 지위를 이용하거나 업무와 관련해 다른 노동자에게 성적 언동 등으로 성적 굴욕감 또는 혐오감을 느끼게 하거나 성적 언동 또는 그 밖의 요구 등에 따르지 않았다는 이유로 고용에서 불이익을 주는 것을 말한다.*

성희롱은 '합리적 피해자의 관점'에서 원하지 않는 성적인 언어나 행동에 의한 피해가 있었는지에 따라 판단한다. 명시적인 거부(혹은 거절)의 의사표시가 없더라도 피해자의 언행이나 주변 정황 등을 고려했을 때 객관적으로 원하지 않는 행위라면 성희롱으로 볼 수 있다. 상대방이 원하지 않는 성적인 언어나 행동은 단 한 번이라도 성희롱이 될 수 있다.

[성희롱에 대해 요양보호사를 보호하는 법들]

사업주가 직장 내 성희롱을 한 경우 다음과 같은 법률에 의해 보호를 받을 수 있다.

- 「남녀고용평등법」 제12조 위반으로 1,000만 원 이하의 과태료
- 「성폭력범죄의 처벌 등에 관한 특례법」 제10조 제1항 위반으로 3년 이하의 징역 또는 1,500만 원 이하의 벌금

---

* 「남녀고용평등과 일·가정 양립 지원에 관한 법률」(약칭 '남녀고용평등법' 제2조).

사업주가 성희롱 예방교육을 하지 않은 경우 500만 원 이하의 과태료가 처해지며, 성희롱 가해자에 대해 징계 등 조치를 하지 않은 경우에도 500만 원 이하의 과태료가 처해진다.

사업주는 직장 내 성희롱과 관련하여 피해를 입은 근로자 또는 성희롱 피해 발생을 주장하는 근로자에게 해고나 그 밖의 불리한 조치를 해서는 안 된다.* 만약 이를 위반한 경우 3년 이하의 징역 또는 3,000만 원 이하의 벌금에 처한다.

또한 사업주는 고객 등 업무와 밀접한 관련이 있는 자가 업무수행 과정에서 성적인 언동 등을 통하여 근로자에게 성적 굴욕감 또는 혐오감 등을 느끼게 하여 해당 근로자가 그로 인한 고충 해소를 요청할 경우 근무장소 변경, 배치전환, 유급휴가의 명령 등 적절한 조치를 하여야 한다.** 이를 위반한 경우에는 300만 원 이하의 과태료에 처한다.

「노인장기요양보험법」 중 성희롱 관련

제35조의4(장기요양요원의 보호)
① 장기요양기관의 장은 장기요양요원이 다음 각 호의 어느 하나에 해당하는 경우로 인한 고충의 해소를 요청하는 경우 업무의 전환 등 대통령령으로 정하는 바에 따라 적절한 조치를 하여야 한다.
1. 수급자 및 그 가족이 장기요양요원에게 폭언·폭행·상해 또는 성희롱·성폭력 행위를 하는 경우

제14조의3(장기요양요원의 보호)

---

* 피해자 불이익 조치 금지 의무
** 사업주가 고객·거래처 등에 의한 성희롱 시 조치의무를 위반한 경우

장기요양기관의 장은 장기요양요원이 법 제35조의4제1항 각 호의 어느 하나에 해당하여 고충의 해소를 요청하는 경우에는 해당 장기요양요원의 업무를 전환하는 등의 조치를 해야 한다. 이 경우 장기요양기관의 장은 해당 수급자 또는 수급자 가족과 상담을 실시해야 한다.

감정노동으로부터 나를 지키기

감정노동이란?

'감정노동'이란 자신의 감정을 스스로 통제하고 일정한 표정과 말투와 몸짓을 계속 지어냄으로써 고객에게 유쾌한 감정을 선사해야 하는 노동을 말한다. 자기 속마음과 관계없이 일정한 감정을 연출하는 것이 업무의 중요한 일부인데, 늘 미소를 짓고 상냥함을 드러내야 하는 분야에서 주로 수행된다. 전화상담원, 요양보호사는 대표적인 감정노동자이다.

2018년 10월 18일부터 고객응대 노동자가 고객의 폭언이나 폭행에 시달릴 경우 사업주는 이들의 업무를 중단시키고 보호해야 할 의무가 담긴 산업안전보건법 개정안 「감정노동자보호법」이 시행되었다.

　고객을 직접 대면 또는 통신 등으로 상대하는 노동자가 고객의 폭언 등으로 건강 장해가 발생할 우려가 있는 경우 사업주는 업무를 일시적으로 중단하거나 휴식을 부여해야 한다. 필요하다면 치료·상담을 지원하고, 피해노동자가 가해 고객에게 법적 책임을 묻고자 하면 폐쇄회로(CCTV) 영상과 같은 증거자료를 제출하는 등 노동자를 도와야 한다.

　사업주의 감정노동자에 대한 보호 조치가 미흡하다고 판단될 경우 위반 횟수에 따라 최대 1,000만 원의 과태료가 부과된다. 고객 응대 노동자가 보호 조치를 요구했다는 이유로 사업자가 불리한 처우를 하면 1년 이하 징역이나 1,000만 원 이하의 벌금에 처해진다.

◦◦◦ **현장 속으로** ◦◦◦

◇

돌봄 노동을 무시하는 이용자, 정신적으로 힘들어요

◇

슬기 씨는 이용자의 지인이 요양보호사들에 대한 입에 담기 힘든 말과 욕설을 지속하는 황당한 일을 겪었다.

"만나기만 하면 그냥 넘어가는 일이 없었어요. 무슨 말이라도 했어요. 엘리베이터에서, 이용자 집 근처에서 '슬기 씨는 남의 남자를 빼앗아 갔다. 내 남자와 놀아난 여자다' 이런 이야기를 해서 난감하게 하고 주변에 퍼트리기도 하고요. 사람을 얼마나 무시하는지 몰라요"

기관장이 이를 중재하고자 했지만 이용자 지인의 괴롭힘은 계속되었다. 보다 못한 동료 요양보호사가 모욕죄로 고소하겠다고 하자 이용자의 지인은 '일자리를 끊게 해버리겠다'는 협박성 발언까지 했다. "본인도 요양서비스를 받는 사람인데, 요양보호사를 어느 정도는 존중해줘야 하는 것 아닌가요? 우리를 완전히 무시하는 거죠."

결국 슬기 씨는 자문을 얻어 경찰에 모욕죄로 이용자의 지인을 고발했고 결국 성희롱 언사 등이 모욕죄에 해당하여 벌금형이 확정되었다.

"사과를 제대로 못 받았어요. 경찰에 신고하고 나서야 사과할 의향이 있다고 했는데, 실제로 연락 온 건 없어요. 지금은 그쪽으로 안 가니까 안 만날 뿐이죠. 퍼뜩하면 모가지 자른다고 하고 꼬리표 달아서 모욕했는데 70만 원 벌금이면 그 사람이 한 일에 비해서 너무 약한 처벌이라고 생각해요."

고발을 하고 처벌이 이루어졌어도 그 일은 슬기 씨의 마음에 상처로 남았다.

슬기 씨의 대처 방안

슬기 씨는 먼저 증거를 확보하기 위해 녹음을 하고 기록을 하여 기관에 도움을 청했다. 기관에서는 이용자와 지인에게 법적근거를 들어 폭언을 중단해줄 것을 요청하였으며 슬기 씨의 고충을 감안하여 다른 이용자에게 배치해주었다.

「감정노동자 보호법」(「산업안전보건법」 개정안)

제26조의2(고객의 폭언 등으로 인한 건강장해 예방조치)
① 사업주는 주로 고객을 직접 대면하거나 「정보통신망 이용촉진 및 정보보호 등에 관한 법률」에 따른 정보통신망을 통하여 상대하면서 상품을 판매하거나 서비스를 제공하는 업무에 종사하는 근로자(이하 "고객응대노동자"라 한다)에 대하여 고객의 폭언, 폭행, 그 밖에 적정 범위를 벗어난 신체적 · 정신적 고통을 유발하는 행위(이하 "폭언 등"이라 한다)로 인한 건강장해를 예방하기 위하여 고용노동부령으로 정하는 바에 따라 필요한 조치를 하여야 한다.

② 사업주는 고객의 폭언 등으로 인하여 고객응대근로자에게 건강장해가 발생하거나 발생할 현저한 우려가 있는 경우에는 업무의 일시적 중단 또는 전환 등 대통령령으로 정하는 필요한 조치를 하여야 한다.

③ 고객응대근로자는 사업주에게 제2항에 따른 조치를 요구할 수 있고 사업주는 고객응대근로자의 요구를 이유로 해고, 그 밖에 불리한 처우를 하여서는 아니 된다.

직장 내 괴롭힘 금지란?

'직장 내 괴롭힘 금지'란 직장에서의 괴롭힘에 대한 개념을 명시 및 금지하여 노동자의 인권과 노동권을 보호하고자 2019년 7월 16일부터 시행된 법적 제도이다. 근로기준법상 직장 내 괴롭힘은 사용자 또는 노동자가 직장에서의 지위 또는 관계 등의 우위를 이용하여 업무상 적정 범위를 넘어 다른 노동자에게 신체적, 정신적 고통을 주거나 근무환경을 악화시키는 행위를 의미한다.

직장 내 괴롭힘에 해당하는지는 객관적으로 피해자와 같은 처지에 있는 일반적이고도 평균적인 사람의 입장에서 신체적, 정신적 고통 또는 근무환경 악화가 발생할 수 있는 행위가 있고, 그로 인하여 피해자에게 신체적, 정신적 고통 또는 근무환경의 악화라는 결과가 발생하였음이 인정되어야 한다.

직장 내 괴롭힘 금지에 대해 요양보호사를 보호하는 법 규정은 2019년 1월 개정해 7월 16일부터 시행된 「근로기준법」 제76조에 해당한다.

- 직장 내 괴롭힘의 법적 금지
- 사용자의 조치 의무
- 예방 및 발생 시 조치사항에 관한 취업규칙 필수 기재 의무
- 직장 내 괴롭힘 신고를 이유로 해고 등 불이익 조치 시 형사 처벌 등의 내용을 규정하고 있다.

「산업새해보상보험법」은 직징 내 괴롭힘으로 인한 정신저 스트레스가 원인이 된 질병을 업무상 질병에 포함했으며, 「산업안전보건법」은 직장 내 괴롭힘 예방을 위한 조치기준 마련과 지도 및 지원을 정부의 책무로 규정했다. 이외 행위자의 특정 행위에 대해서는 개별 법률에 따라 처벌받을 수 있다.

직장 내 괴롭힘 신고가 들어오면 회사는 즉시 조사에 착수해야 하며, 필요한 경우 피해자 의사에 반하지 않는 선에서 유급휴가 등의 조치가 가능하다. 또한 조사 후 피해 사실이 확인되면 가해자에

대해 징계 등의 조처를 해야 한다. 회사가 신고자에게 해고 등의 불이익을 조치할 경우에는 3년 이하의 징역이나 3,000만 원 이하의 벌금형을 받을 수 있다.

직장 내 괴롭힘으로 인정될 수 있는 행위[22]

직장내 괴롭힘으로 인정될 수 있는 행위는 다음과 같다.

- 집단 따돌림
- 개인사에 대한 뒷담화나 소문을 퍼뜨림
- 신체적인 위협이나 폭력을 가함
- 욕설이나 위협적인 말을 함
- 다른 사람들 앞이나 온라인상에서 본인에게 모욕감을 주는 언행을 함
- 의사와 상관없이 음주, 흡연, 회식 참여를 강요함
- 정당한 이유 없이 부서이동 또는 퇴사를 강요함
- 정당한 이유 없이 업무 능력이나 성과를 인정하지 않거나 조롱함
- 정당한 이유 없이 훈련, 승진, 보상, 일상적인 대우 등에서 차별함
- 정당한 이유 없이 휴가나 병가, 각종 복지혜택 등을 쓰지 못하도록 압력을 행사함
- 정당한 이유 없이 업무와 관련된 중요한 정보제공이나 의사결정 과정에서 배제시킴

- 특정 노동자에 대해서만 근로계약서 등에 명시되어있지 않는 모두가 꺼리는 힘든 업무를 반복적으로 부여함
- 근로계약서 등에 명시되어있지 않은 허드렛일만 시키거나 일을 거의 주지 않음
- 특정 노동자의 일하거나 휴식하는 모습을 지나치게 감시함
- 사적 심부름 등 개인적인 일상생활과 관련된 일을 하도록 반복적으로 지시함
- 업무에 필요한 비품(컴퓨터, 전화 등)을 주지 않거나 인터넷·사내 네트워크 접속을 차단함

--- ∘∘∘ 현장 속으로 ∘∘∘ ---

✧

실장이 은근히 모욕감을 줘요

✧

슬기 씨는 어느 날 다른 사람의 연차를 대신하여 근무하라는 관리실장의 요청을 받았다. 슬기 씨는 사정을 이야기하고 거절했다. 관리실장은 탈의실에 따라 들어와 "꼴에 직장이라고 가방까지 메고 다니네. 집도 가까운데 나 같으면 종이쇼핑백 들고 다니겠다."라고 말했다. 슬기 씨는 심한 모욕감을 느꼈으나 당황하여 한마디도 못 했다.

슬기 씨는 속상해서 동료에게 말했는데, 이야기가 돌고 돌아 관리실장이 알게 되었다. 관리실장은 왜 그 자리에서 이야기하지 않았느냐며 오히려 화를 내고 모욕을 줄 생각은 없었다고 한다.

슬기 씨는 어르신도 좋고 직장도 괜찮고 동료들과도 잘 지내는데, 관

리실장이 불편해서 퇴사까지 고민했다. 그런데 이 또한 직장 내 괴롭힘에 해당되며 법적 대응이 가능하다는 사실을 알게 되자 그나마 마음의 위안이 되었다.

직장 내 우위를 이용하여 정신적 고통을 주었으니 이는 직장내 괴롭힘에 해당된다고 판단한 슬기 씨는 구체적인 기록(누가, 언제, 어디서 무엇을 어떻게 등)을 정리해서 전문기관에 도움을 청했다. 단체협약서나 취업규칙에 직장내 괴롭힘 발생 시 조치사항이나 인사규정도 확인해 보았다. 다행히 동료들도 사표를 쓰는 등 피하는 것보다 이번 기회에 직장문화를 바로잡아보자고 격려해주었다.

서비스 중단과 해고, 퇴직금에 관한 Q&A

서비스 중단

Q1

"어르신의 장기 입원으로 서비스가 중단되었어요. 사직서를 작성하지도 않았는데 기관에서는 퇴사처리되었다고 합니다."

방문요양보호사의 경우 어르신이 병원에 입원하는 등의 사유로 서비스가 중단될 수 있다. 그러나 이 경우에도 요양보호사는 자동으로 근로계약이 종료되는 것이 아니고, 여전히 장기요양기관 소속으로 남아있게 된다. 요양보호사는 어르신이 아니라 장기요양기관과 계약관계에 있기 때문이다. 근로계약서에 자동으로 근로계약이 종료된다고 적혀있어도 마찬가지이다.

이용자가 서비스를 중단한 경우에도 근로계약은 그대로 남아있고, 이 근로계약이 요양보호사가 보호받을 수 있는 근거라는 점을 꼭 기억해야 한다. 근로계약이 자동으로 종료되는 줄 알고 섣불리 사직서를 작성하거나 바로 실업 급여를 신청하는 것은 적절한 대응이 아니다.

[**수급자(이용자)가 서비스를 중단한 경우의 적절한 대응방법**]

- 장기요양기관에 새로운 수급자 연결을 요청한다.
- 수급자 연결이 바로 되지 않을 경우 장기요양기관에 휴업급여를 요청한다.
- 수급자 연결도 되지 않고 휴업급여도 지급되지 않는 상태가 2달 이상 지속될 경우 이러한 상황을 사직 사유로 명시하여 사직서를 제출한다.
- 사직서에 적혀있는 사직 사유를 근거로 하여 실업 급여를 신청한다.

※ 모든 대응은 증거를 남겨두는 것이 좋으며 사직서는 사본을 갖고 있는 것이 유리하다.

통상적인 해고의 요건

[해고에는 정당한 사유가 필요하다]

아무 사유도 없는 해고나 단지 어르신이 서비스 종료 요청을 했다는 것만으로 해고하는 경우, 또는 일하다 다치거나 병에 걸렸는데 해고하는 경우 등은 정당성이 없는 대표적인 사례에 해당한다. 그 외의 사안에서도 정당성이 의심된다면 지방노동청에 상담을 받아보는 것이 좋다.

[해고는 절차를 지켜야 한다]

사용자는 근로자를 해고하려면 해고사유와 해고시기를 서면으로 통지해야 하고, 이를 거치지 않은 해고는 효력이 없다. 어르신이 서비스 종료 요청을 했다는 이유로 그저 해고라 통보하면서 해고통지서도 주지 않는다면, 이는 정당한 사유도 없고 절차도 지키지 않은 부당 해고에 해당한다.

또한 근로자가 무언가 잘못해서 징계사유가 있다고 하더라도, 그 잘못된 행위에 비해 징계 수준이 너무 높은 경우에도 부당 해고가 될 수 있다. 이 경우 구체적 사실관계를 살펴서 징계양정이 적절했는지 검토해보아야 한다.

업무상 부상 또는 질병이 발생한 경우

Q2

"산재로 치료 받고 있는데 기관에서는 일을 할 수 없으니 사직서를 제출하라고 합니다. 어떻게 해야 하나요?"

업무 중 부상 및 질병이 발생하여 그 치료를 위해 휴업한 기간과 그 후 30일간은 해고가 금지되어있다. 산재를 당해서 치료를 받고 있는데, 일을 하지 못한다는 이유로 해고하거나 사직서를 요구하면 이는 위법한 행위다. 일하다 다쳤다면 충분히 치료받고 휴식을 취한 후에 업무로 복귀하면 된다.

근로기준법 제23조(해고 등의 제한)

① 사용자는 근로자에게 정당한 이유 없이 해고, 휴직, 정직, 전직, 감봉, 그 밖의 징벌(懲罰)(이하 "부당해고등"이라 한다)을 하지 못한다.

② 사용자는 근로자가 업무상 부상 또는 질병의 요양을 위하여 휴업한 기간과 그 후 30일 동안 또는 산전(産前)·산후(産後)의 여성이 이 법에 따라 휴업한 기간과 그 후 30일 동안은 해고하지 못한다. 다만, 사용자가 제84조에 따라 일시보상을 하였을 경우 또는 사업을 계속할 수 없게 된 경우에는 그러하지 아니하다.

사직서를 요구받는 경우

사직서는 기본적으로 근로자가 자발적인 퇴사 의사가 있는 경우에 작성하는 것이다. 사직서를 작성했다면 일반적으로 자발적인 퇴사로 본다. 따라서 부당 해고를 주장하기 어려우며, 실업급여를 지급받기도 쉽지 않다. 한번 작성한 사직서는 문서로 남아있으므로 법적인 다툼을 해도 이를 뒤집기가 매우 어렵다.

스스로 원해서 장기요양기관에서 나오는 것이 아니라면 사직서를 요구받더라도 작성해서는 안 된다. 퇴직금 등을 조건으로 사직서를 요구받는 경우도 있는데 사직서 작성보다는 임금체불 등의 별도 해결방안을 찾는 것이 바람직하다.

만약 정말 부득이하게 사직서를 작성해야 한다면, 적어도 실제 사유(예 : 권고사직, 기간 만료 등)라도 정확히 적어야 한다.

휴업수당

> Q3
> "모시던 어르신이 사망한 후 수급자를 연결 받지 못해 쉬고 있어요. 요양보호사는 휴업수당을 받을 수 없는 건가요?"

수급자가 서비스를 종료하는 등으로 휴업 상태가 되었을 때 법적으로 타당한 대응은 휴업수당을 신청하는 것이다. 휴업수당은 사용자의 귀책사유로 휴업하는 경우에 지급되는데, 수급자의 입소나 입원 등으로 인해 업무가 중단된 경우도 사업주의 귀책사유로 인한 휴업에 해당한다. 감염병이나 천재지변에 따른 경우에는 경영상 책임으로 볼 수 없으나 수요 감소의 경우는 기업의 위험요소로 보기 때문이다.

사업주의 귀책사유로 휴업하는 경우 사업주는 해당 근로자에게 휴업기간 동안 평균임금의 70% 이상을 지급해야 한다. 사업주가 휴업수당을 지급하는 것이 불가능한 경우에도 자의적으로 판단할 것이 아니라 노동위원회에 휴업수당 감액 승인을 받아야 한다.*

휴업수당은 법적인 권리임에도 현재 수가 구조에서는 원활하게 실현되지 못하고 있다. 요양보호사의 수가를 월급제로 하는 등 제도적인 해결책이 필요하다.

퇴직금 지급의 요건

> **Q4**
> "분명히 1년 일했는데, 9월에 60시간 넘게 일하지 않았다고 그 달은 퇴직금 계산 시 제외한다고 합니다. 그래서 근무기간 11개월로 퇴직금을 받지 못했어요."

퇴직금은 1주 평균 소정근로시간이 15시간 이상 근로하는 노동자가 1년 이상 근무하면 계속 근로연수 1년에 대해 30일분 이상의

---

* 근로기준법 제46조(휴업수당)

평균임금을 지급하는 것이다.

　퇴직금은 퇴직 사유와 관계없이 받을 수 있다. 개인적인 사정으로 사직을 하거나 징계해고를 당하거나 계약기간 만료로 퇴사하는 경우 등 모두 퇴직금이 지급되어야 하며 법정 기준 이하로 감액할 수 없다. 4대 보험에 가입하지 않았거나 근로계약서가 없거나 입사 당시 퇴직금이 없다는 말에 동의했더라도 퇴직금을 받을 수 있다. 월급에 '퇴직 충당금' 등의 명목으로 퇴직금의 일부를 지급했더라도 이는 적법한 퇴직금 지급으로 인정되지 않는다.

　또한 계약서에 기재된 근로계약기간이 1년 이내로 적혀 있더라도 계약서를 수차례 반복 갱신하여 전체 근로 기간이 1년이 넘으면 퇴직금을 받을 수 있다. 그리고 퇴직금을 비롯한 각종 임금은 퇴직일로부터 14일 이내에 받아야 한다.

[월 60시간 미만 근무한 경우의 퇴직금]

　퇴직금은 분명 1주 평균 15시간 이상 근무할 것을 요건으로 하고 있지만, 여기서 기준은 실근로시간이 아니라 '소정근로시간'이다. 소정근로시간이란 근로계약 시 정하는, 일반적인 상황에서의 근로시간을 말하는 것이다. 이는 실제 근로시간에 영향을 받지 않는다.

　고용노동부 역시 "근로계약기간 중 공휴일이나 휴가 사용 등으로 실근로시간이 1주간에 15시간 미만이 되더라도 퇴직금 지급 대상 기간에 포함된다."[*]고 판단하고 있다.

---

* 　고용노동부 행정해석 근기68207-2562, 2002.7.22.

고용노동부 행정해석에 1주 소정근로시간이 15시간 이상·미만을 반복하는 사업장의 경우에는 전체 재직기간 중에서 주 15시간 미만인 기간을 제외하고 남은 기간이 1년 이상이 될 경우 해당 기간에 대하여 퇴직금을 지급하면 된다는 것이 있다. 그러나 이 행정해석도 '소정근로시간'이 변동하는 경우이므로 실제 근로시간을 근거로 퇴직금 기간에서 제외해도 된다는 것이 아니다.**

퇴직급여법 제4조(퇴직급여제도의 설정)

① 사용자는 퇴직하는 근로자에게 급여를 지급하기 위하여 퇴직급여제도 중 하나 이상의 제도를 설정하여야 한다. 다만, 계속근로기간이 1년 미만인 근로자, 4주간을 평균하여 1주간의 소정근로시간이 15시간 미만인 근로자에 대하여는 그러하지 아니하다.

② 제1항에 따라 퇴직급여제도를 설정하는 경우에 하나의 사업에서 급여 및 부담금 산정방법의 적용 등에 관하여 차등을 두어서는 아니 된다.

③ 사용자가 퇴직급여제도를 설정하거나 설정된 퇴직급여제도를 다른 종류의 퇴직급여제도로 변경하려는 경우에는 근로자의 과반수가 가입한 노동조합이 있는 경우에는 그 노동조합, 근로자의 과반수가 가입한 노동조합이 없는 경우에는 근로자 과반수(이하 "근로자대표"라 한다)의 동의를 받아야 한다.

④ 사용자가 제3항에 따라 설정되거나 변경된 퇴직급여제도의 내용을 변경하려는 경우에는 근로자대표의 의견을 들어야 한다. 다만, 근로자에게 불리하게 변경하려는 경우에는 근로자대표의 동의를 받아야 한다.

** 고용노동부 행정해석 임금68207-735, 2001.10.26.

슬기 씨의
돌봄기록 작성사례

부록

장기요양급여제공기록지(방문요양)

수급자 성명 ○○○	생년월일 ××××.××.××		장기요양등급 ××	장기요양인정번호 ×××××××××
장기요양기관명 ○○○○○○			장기요양기관번호 ××××××××××××	

일정관리		202○년 월/일	6/3	6/10	6/17	/	/	/	/
	제공시간	총 시간	180 분	180 분	18 0분	분	분	분	분
		시작시간	12 : 25	12 : 25	12 : 25	:	:	:	:
		종료시간	15 : 25	15 : 25	15 : 25	:	:	:	:
서비스 제공 변화상태	신체 활동지원	개인위생(옷 갈아입기, 세면, 구강청결, 몸단장 도움 등)	☑	☑	☑	☐	☐	☐	☐
		몸 씻기 도움	☐	☐	☐	☐	☐	☐	☐
		식사도움(영양관리 등)	☑	☑	☑	☐	☐	☐	☐
		체위변경	☐	☐	☐	☐	☐	☐	☐
		이동도움(보행, 보장구사용 등 도움)	☑	☑	☑	☐	☐	☐	☐
		화장실 이용하기	☐	☐	☐	☐	☐	☐	☐
		제공시간	70 분	70 분	70 분	분	분	분	분
	인지활동 지원	인지자극활동	분	분	분	분	분	분	분
		일상생활 함께하기	분	분	분	분	분	분	분
	인지관리 지원	인지행동변화 관리 등	분	분	분	분	분	분	분
	정서지원	의사소통 도움 등 말벗, 격려	30 분	30 분	30 분	분	분	분	분
	가사 및 일상생활 지원	식사준비, 청소 및 주변정리 정돈, 세탁 등	☑	☑	☑	☐	☐	☐	☐
		개인활동지원 (외출 시 동행 등)	☑	☑	☑	☐	☐	☐	☐
		제공시간	80 분	80 분	80 분	분	분	분	분
변화상태	신체기능	①호전 ②유지 ③약화	①②③	①②③	①②③	①②③	①②③	①②③	①②③
	식사기능	①호전 ②유지 ③약화	①②③	①②③	①②③	①②③	①②③	①②③	①②③
	인지기능	①호전 ②유지 ③약화	①②③	①②③	①②③	①②③	①②③	①②③	①②③
	배변변화	대변 실수 횟수	회	회	회	회	회	회	회
		소변 실수 횟수	회	회	회	회	회	회	회
특이사항	6/3	어깨가 자꾸 아프셔서 조금 주물러 드림. 스트레칭 하시면 조금 덜 하시다고 함 드시는 건 시간 맞추어 조금씩 잘 드시고 아주 규칙적으로 생활하심							
	6/10	입 안에 물집이 잡혀서 불편해하심. 식사 때 조절해서 드심							
	6/17	병원에서 감마나이프 시술하시고 퇴원하심(떨림)							
		아직 효과는 안 보이는데 6개월 정도 경과를 봐야 한다고 하심							
서명		장기요양요원 성명(서명)	○○○	○○○	○○○				
		수급자 또는 보호자 성명(서명)	○○○	○○○	○○○				

장기요양급여제공기록지 (방문요양)

수급자 성명 ○○○	생년월일 ××××.××.××		장기요양등급		장기요양인정번호 ×××××××××
장기요양기관명 ○○○○○○			장기요양기관번호 ××××××××××		

		202○년 월/일	6/12	6/18	6/23	/	/	/	/
일정관리	제공시간	총 시간	180 분	240 분	270분	분	분	분	분
		시작시간	12 : 42	12 : 48	12 : 46	:	:	:	:
		종료시간	15 : 42	16 : 48	17 : 17	:	:	:	:
서비스 제공 변화상태	신체 활동지원	개인위생(옷 갈아입기, 세면, 구강청결, 몸단장 도움 등)	☐	☑	☑	☐	☐	☐	☐
		몸 씻기 도움	☐	☐	☐	☐	☐	☐	☐
		식사도움(영양관리 등)	☐	☐	☐	☐	☐	☐	☐
		체위변경	☐	☐	☐	☐	☐	☐	☐
		이동도움(보행, 보장구사용 등 도움)	☐	☑	☑	☐	☐	☐	☐
		화장실 이용하기	☐	☑	☐	☐	☐	☐	☐
		제공시간	분	135 분	120 분	분	분	분	분
	인지활동 지원	인지자극활동	60 분	분	분	분	분	분	분
		일상생활 함께하기	120 분	분	분	분	분	분	분
	인지관리 지원	인지행동변화 관리 등	분	분	분	분	분	분	분
	정서지원	의사소통 도움 등 말벗, 격려	분	20 분	분	분	분	분	분
	가사 및 일상생활 지원	식사준비, 청소 및 주변정리 정돈, 세탁 등	☐	☑	☑	☐	☐	☐	☐
		개인활동지원 (외출 시 동행 등)	☐	☑	☑	☐	☐	☐	☐
		제공시간	분	85 분	150 분	분	분	분	분
변화상태	신체기능	①호전 ②유지 ③약화	①②③	①②③	①②③	①②③	①②③	①②③	①②③
	식사기능	①호전 ②유지 ③약화	①②③	①②③	①②③	①②③	①②③	①②③	①②③
	인지기능	①호전 ②유지 ③약화	①②③	①②③	①②③	①②③	①②③	①②③	①②③
	배변변화	대변 실수 횟수	회	회	회	회	회	회	회
		소변 실수 횟수	회	회	회	회	회	회	회
특이사항	6/4	어르신께서 대화하다 보면 이해력이 조금 안 좋아지심. 기억력도 짧아지심							
	6/9	어르신께서 요양병원에 계실 때 집에 다른 사람이 살았다고 하시며 이불이 어르신 것이 아니라고 하심. 설명을 드려도 버리라고 하여 정리함							
	6/12	어르신께서 방문을 잘못 잠그셔서 열쇠 사장님 불러 열어서 시간이 지체됨							
서명	장기요양요원 성명(서명)		○○○	○○○	○○○				
	수급자 또는 보호자 성명(서명)		○○○	○○○	○○○				

상태변화기록지

결 제	담당	시설장
	(서명)	(서명)

장기요양 기관기호	××××	수급자 성명	○○○	장기요양 등급	××××
장기요양 기관명	○○○○○	생년월일	××××.××.××	장기요양 인정번호	×××××××××

2021년 5월	세부점검항목(상태) ①유지 ②호전 ③악화 (✓체크)	조치사항

1주 (3 ~ 7)

신체	식사	수면	인지
☑①②③	☑①②③	☑①②③	☑①②③

특이사항 :
파마하기 위해 미용실 다녀오시고 피곤하셔서
인지학습이 잘 안 되신다.
숫자 계산이 지난주보다 느려지셨다.

조치사항: 피곤하실 때는 회상 훈련이나 노래 부르기가 좋을 것 같다.

장기요양요원 :　　　○○○　(서명)

2주 (10 ~ 14)

신체	식사	수면	인지
☑①②③	☑①②③	☑①②③	☑①②③

특이사항 :
옥상에 올라가서 화분을 정리하고
상추, 쑥갓 등 쌈채소를 뜯으셨다.
상쾌하다며 좋아하셨다.

장기요양요원 :　　　　　　(서명)

3주 (~)

신체	식사	수면	인지
①②③	①②③	①②③	①②③

특이사항 :

장기요양요원 :　　　　　　(서명)

4주 (~)

신체	식사	수면	인지
①②③	①②③	①②③	①②③

특이사항 :

장기요양요원 :　　　　　　(서명)

5주 (~)

신체	식사	수면	인지
①②③	①②③	①②③	①②③

특이사항 :

장기요양요원 :　　　　　　(서명)

(202○)년 (○○)월 상태변화 기록지

수급자명	○○○	장기요양인정번호	xxxxxxxx	고유번호	xxxxxxxx

날짜	내용	급여제공자
5월 17일 월요일	씹는 것이 불편하여 식사량이 줄었다. 죽은 잘 드시지 않는다. 질게 해드리고 있다.	
5월 25일 화요일	어제 월요일날 치과에서 어금니를 빼셔서 입맛도 없으시고 틀니도 불편해하신다. 내일 치과에 가기로 예약되어있다.	
월 일 요일		
월 일 요일		
월 일 요일		
월 일 요일		
월 일 요일		

※ 담당 요양보호사는 주1회 이상 수급자의 상태변화, 특이사항, 급여제공 결과 등을 자세히 기록합니다.

방문요양 상태변화기록지

수급자 명 : ○○○		장기요양인증번호 : xxxxxxxxxxx	요양보호사 명 : ○○○

월/일	종류	변화 내용	기타 내용
5/3	신체 상태	백신을 접종하고 설사를 하셨다고 한다. 기운이 없으셨다.	
	인지 상태	집 근처 수퍼마켓 이름이 생각 안 난다고 하셨다. 웰빙마트라고 했더니 어렵다고 하셨다.	
	감정(정서) 상태	속옷에 대변이 묻어있자 화가 난다며 빨래를 던지셨다. 설사 때문일 거라고 위로해 드렸다.	
5/10	신체 상태	산책 전 복대를 하니 허리에 힘이 들어가 잘 걸으셨다.	
	인지 상태	아침에 안약 넣는 것을 자꾸 잊으신다. 어르신댁에 도착해서 약부터 챙겨드렸다.	
	감정(정서) 상태	지난밤 꿈에 어머니를 보았다며 어르신이 기분이 좋다고 하셨다.	
	신체 상태		
	인지 상태		
	감정(정서) 상태		
	신체 상태		
	인지 상태		
	감정(정서) 상태		
	신체 상태		
	인지 상태		
	감정(정서) 상태		
	신체 상태		
	인지 상태		
	감정(정서) 상태		

○○○○ 센터

돌봄업무 기록

상황	좋은기록	좋지않은기록
정서 변화	어르신의 기분 변화가 심하다. TV에서 코로나 이야기만 나오면 요양보호사가 여러 집을 다닌다며 불안해하셨다. 어르신께 저는 늘 조심하고 있다고 말씀드리고 휴대용 손소독제와 여분의 마스크도 보여드렸다. 휴대용 손소독제로 현관문 손잡이도 닦았다. 어르신이 좀 안심하신 것 같다.	TV에서 코로나 이야기가 나오자 불안해하신다. 요즘 상황이 그렇다고 설명해드렸다.
신체 변화	어르신이 땀을 많이 흘리신다. 목욕을 귀찮아하셔서 물수건을 가져다가 목과 겨드랑이를 닦아드렸다. 겨드랑이 접힌 부분이 붉게 변해있어서 거울에 비추어 보여드리며 짓무를까봐 걱정된다고 했더니 내일은 꼭 목욕을 하겠다고 약속하셨다.	어르신이 땀을 많이 흘리신다. 목욕을 하지 않으려고 하셔서 늘 애를 먹는다.
변비	며칠간 변비가 심해지셨다. 3일간 대변을 한 번도 못 보셨다. 식사량이 줄었고 최근에 약이 바뀌었는데 그 영향도 있는 것 같다. 요실금이 있어서 물은 많이 못 드시니 고구마를 쪄서 드시도록 하였다. 내일은 야쿠르트를 사다 드리기로 하였다.	변비가 심하다고 하신다. 며칠째 대변을 제대로 못 봤다고 하셨다.
배변 실수	요실금이 심해지셨다. 어르신 몸에서 냄새가 심해 여쭈었더니 화장실도 가기 전에 자꾸 실수하신다고 했다. 기저귀나 요실금 팬티는 하기 싫다고 하셨다. 그래서 속옷은 언제든지 빨아드릴 테니 제 눈치 보지 말고 자주 갈아입으시라고 말씀드렸다.	어르신이 자꾸 소변 실수를 하신다. 하루에도 몇 번씩 속옷에 지린다고 하셨다. 기저귀를 하라고 말씀드렸더니 싫다고 하셨다.
인지 변화	더운 날인데 겨울옷을 꺼내 입고 계셨다. 추우시냐고 여쭈었더니 밖에 나가면 추울까봐 입었다고 하셨다. 지금은 여름이니 덥다고 말씀드리고 잠깐 현관 앞으로 모시고 나갔더니 들어오자마자 덥다며 옷을 벗으셨다. 치매 증상이 심해지신 것 같다. 따님께 오늘 일을 문자로 알려드렸다.	더운 날인데 겨울옷을 꺼내 입고 계셨다. 치매 증상이 심해진 것 같다. 어르신이 불쌍하게 느껴졌다.
치매 문제 행동	전에 근무했던 요양보호사들은 다 도둑년들이라며 참기름을 훔쳐갔다고 몇 번을 말씀하셨다. 어르신께 기간에 말씀드렸냐고 여쭈어 안 했다고 하셨다. 제가 말씀드릴까요? 그랬더니 절대 하지 말라며 다시는 이야기 안 하겠다고 하셨다.	전에 근무했던 요양보호사들을 도둑년이라고 욕하셨다. 그럴 사람들이 아니라고 해도 막무가내로 욕하신다.

상황	좋은 기록	좋지않은 기록
치매 문제 행동	이른 아침 밖에서 부르는 소리가 나서 나가셨다가 대문이 닫히는 바람에 못 들어오고 한참을 밖에서 계셨다고 한다. 이웃집에서 발견하였고 딸이 와서 대문을 열었다고 했다. 이르신이 많이 놀라셨는지 힘들어 보이신다. 자꾸 어지럽다며 누워 계시려고 한다. 다음 주에 검사를 위해 서울대병원 예약을 했다. 어르신을 좀 더 신중하게 관찰해야 한다.	이르신이 새벽에 나갔다가 문이 닫혀서 한참을 못 들어오셨다고 딸이 말해줬다. 걱정이다.
식욕 변화	장마가 길어지니 밀가루 음식을 자주 찾으신다. 오늘은 비빔국수가 먹고 싶다고 하셔서 열무와 오이를 잘게 썰어서 맵지않게 비벼드렸더니 맛있게 드셨다. 아욱국을 끓여 놓으니 저녁은 꼭 밥을 드시라고 말씀드렸다.	어르신이 부침개가 먹고 싶다고 하셔서 해드렸습니다. 감사하다고 하십니다.
식욕 변화	식사량이 늘었다. 밥을 반 공기도 못 드셨는데 요즘은 그 이상 드신다. 잘 드시니 좋은데 혈당수치가 높아질까 봐 걱정이 된다. 다음 주 병원 방문 시 의사 선생님께 말씀드려야겠다.	식사를 잘 못 하신다. 입맛이 없는 것 같아 걱정이 된다.
가정 내 갈등	아들 부부와 절대 부딪히지 않으려고 하신다. 밤늦게까지 장사하고 새벽에 들어오는 아들 부부와 식사도 따로 하고 혹시 잠을 깨울까 봐 노심초사하신다. TV도 아주 작은 소리로 켜놓고 자꾸 무슨 말이냐고 물으신다. 요양보호사인 나도 어르신 식사 준비를 하면서 힘든데... 어르신은 매일매일 얼마나 힘드실까.	새벽에 장사하고 늦게 들어오는 아들 부부와 어르신이 사이가 안 좋다. 늘 눈치를 보신다. 나도 불편하다.
가정 내 갈등	어르신은 부인인 할머니를 무서워하신다. 어르신 방을 청소하고 나니 할머니 방을 치우라고 하셨다. 어르신 방이 아니라 요양보호사가 할 일이 아니라고 말씀드리자, 그러면 앞으로는 내 방을 치우지 말고 할머니 방만 치우라고 하셨다. 오랫동안 편마비로 지내면서 할머니 고생을 많이 시켜서 그렇다며 부탁을 하셨다. 당분간 어르신 방은 주 3회에서 2회로 줄이고, 할머니 방은 주 1회 정도 치워드리겠다고 하자 어르신이 환하게 웃으셨다. 사무실에 전화로 보고했다.	할머니 방을 치워달라고 하셔서 요양보호사 업무가 아니지만 참고 청소해드렸다. 거절하기가 어려워 사무실에 어르신에게 말씀해달라고 전화했다.
기타	출근해보니 어르신이 판콜에이를 3병이나 드셨다. 너무 많이 드시면 오히려 부작용이 있으니 줄이시라고 말씀드리자 노력해보겠다고 하셨다. 판콜에이를 사다 드리는 심부름을 해야 하는지 고민이 된다.	어르신은 판콜에이 중독이다. 어제도 3병이나 드셨다. 걱정이 된다.

출 처

1   Brandsen, C. 2001, "Public ethic of care: implications for long-term care and social work practice" Ph.D. Michigan State University.

2   Held, V. 2006, The Ethic of Care: personal, Political, and Global. Oxford University Press.

3   Engster, D. 2007, The Heart of Justice: Care Ethics and Political Theory. Oxford University Press; Tronto, J. C. 1993, Moral Boundaries : A Political Argument for an Ethic of Care. Routledge.

4   笹谷春美(2008). "ケアサービスのシステムと当事者主權". 上野千鶴子, 中西正司 編, 2008,『ニーズ中心の福祉社會へ: 当事者主權の次世代福祉戰略』. 醫學書院.

5   Szebehely, Marta. 2007. "Carework in Scandinavia: Organisational trends and Everyday Realities" in the Anual ESPAnet Conference in Vienna, 20-27 September 2007.

6   笹谷春美(2008). "ケアサービスのシステムと当事者主權". 上野千鶴子, 中西正司 編, 2008,『ニーズ中心の福祉社會へ: 当事者主權の次世代福祉戰略』. 醫學書院.

7   Kittay, E. F. 1999, "Chapter Five: Policy and a Public Ethic of Care."in Love's Labor: Essays in Women, Equality and Dependency. New York.: Routledge.

8   笹谷春美, 2008, "ケアサービスのシステムと当事者主權". 上野千鶴子, 中西正司 編, 2008,『ニーズ中心の福祉社會へ: 当事者主權の次世代福祉戰略』. 醫學書院.

9   Hall, R. 1968. "Professionalization and Bureaucratization." American Sociological Review 33(1), 90-104.

10 김영종, 2014, 한국 사회복지전문직의 제도적 전문성 경로와 대안적 정향. 사회복지정책, 41(4), 377-404.

11 최명민, 2011, "사회복지실천을 둘러싼 전문가-이용자 관계의 전근대적 측면과 대안적 실천의 모색", 한국사회복지학회 2011 추계학술대회 발표문(전주, 2011. 10. 28.). pp. 21-49; 김영종, 2014, 한국 사회복지전문직의 제도적 전문성 경로와 대안적 정향. 사회복지정책, 41(4), 377-404.

12 김영종, 2014, 한국 사회복지전문직의 제도적 전문성 경로와 대안적 정향. 사회복지정책, 41(4), 377-404.

13 한희영, 서보영. 2021, 전문직 정체성 형성 및 촉진을 위한 의학교육 현황과 고려점. 의학교육논단, 23(2), 80-89.

14 한희영, 서보영. 2021, 전문직 정체성 형성 및 촉진을 위한 의학교육 현황과 고려점. 의학교육논단, 23(2), 80-89.

15 Held, V. 2006. The Ethic of Care: personal, Political, and Global. Oxford University Press.

16 아렌트(1958), 이진우역, 인간의 조건, 한길사. 2019; 비에리(2013), 문항심역, 삶의 격, 은행나무, 2014.

17 권수영, '[사유와 성찰] '심리적 거리두기'의 윤리'. 경향신문 2020. 6. 6.

18 식품의약품안전처 한국의약품안전관리원에서 발행

19 지식채널e 2020년 5월 5일 방송

20 치매케어 텍스트북 III 각론>(p.266-268). 본문 내용에 맞게 약간 수정했다.

21 「장기요양보험법」 제35조의 5(보험 가입) ① 장기요양기관은 종사자가 장기요양급여를 제공하는 과정에서 발생할 수 있는 수급자의 상해 등 법률상 손해를 배상하는 보험(이하 "전문인 배상책임보험"이라 한다)에 가입 할 수 있다.

22 『요양보호사 권리찾기 수첩 2020』 서울시어르신돌봄 종사자종합지원센터.

참고 문헌

- 가노코 히로후미 저 이정환 역, 2017. 「정신은 좀 없습니다만 품위까지 잃은 건 아니랍니다」. 푸른숲. 경기도 파주시.
- 김선기. 2020. 「나의 할머니, 오효순」. 법인문화사. 경기도 고양시.
- 곤도 마코토, 나가오 카즈히로. 2017. 「치매와 사우지 마세요」. 윤출판.
- 나가오 카즈히로, 마루오 타에코. 2016. 「할매할배, 요양원 잘못 가면 치매가 더 심해져요」. 북스타.
- 보건복지부. 중앙치매센터. 2019. 나에게 힘이 되는 치매가이드북.
- 오오쿠니 미치코 글 홍수미 그림. 2012. 「그림으로 보는 치매이야기」. 노인연구 정보센터. 서울.
- 이성희. 유경. 2018. 「엄마의 공책」. 궁리. 경기도 파주시.
- 일본인지증케어학회. 2019. 「치매케어 텍스트북」 I 기초(개정판). 노인연구정 보센터. 서울.
- 일본인지증케어학회. 2019. 「치매케어 텍스트북」 II 총론(개정판). 노인연구정 보센터. 서울.
- 일본인지증케어학회. 2018. 「치매케어 텍스트북」 III 각론(개정판). 노인연구정 보센터. 서울.
- 질병체험이야기 연구팀. 2015. 「치매와 함께하는 사람들」. 한빛라이프. 서울. 최 낙원. 2018. 「치매의 모든 것」. 범문에듀케이션. 서울.
- EBS 지식채널e. 치매를 기록한다는 것. 2020.05.05.
- KBS 무엇이든 물어보세요. 암보다 무서운 병 치매. 2019.09.23.
- 네이버 지식백과: 치매 환자의 가족을 위한 정보 https://terms.naver.com/entry.nhn?docId=2119680&cid=51004&categoryId=51004
- 중앙치매센터 https://www.nid.or.kr/main/main.aspx
- 한국치매가족협회 http://www.alzza.or.kr/
- 한국치매협회 http://www.silverweb.or.kr/

슬기 씨, 돌봄을 부탁해

초판 1쇄 발행 2021년 12월 10일

지은이 서울시 어르신돌봄종사자 종합지원센터

기획 · 편집 도은주, 류정화
구성 · 편집 천둥(조용미)
미디어 마케팅 초록도비
일러스트 송아람

펴낸이 윤주용, 최경숙
펴낸곳 초록비공방, 서울시 어르신돌봄종사자 종합지원센터

출판등록 2013년 4월 25일 제2013-000130
주소 서울시 마포구 월드컵북로 402 KGIT 센터 921A호
전화 0505-566-5522 팩스 02-6008-1777

메일 greenrainbooks@naver.com
인스타 @greenrainbooks
포스트 http://post.naver.com/jooyongy
페이스북 http://www.facebook.com/greenrainbook

ISBN 979-11-91266-20-7 (03190)

어려운 것은 쉽게 쉬운 것은 깊게 깊은 것은 유쾌하게

초록비책공방은 여러분의 소중한 의견을 기다리고 있습니다.
원고 투고, 오탈자 제보, 제휴 제안은 greenrainbooks@naver.com으로 보내주세요.